IBDP CHINESE B
LISTENING AND READING

IBDP中文B听读精练

冯薇薇（Vivienne Fung）主编

HL 4

Sinolingua
华语教学出版社

First Edition 2020

ISBN 978-7-5138-1950-3
Copyright 2020 by Sinolingua Co., Ltd
Published by Sinolingua Co., Ltd
24 Baiwanzhuang Street, Beijing 100037, China
Tel: (86)10-68320585, 68997826
Fax: (86)10-68997826, 68326333
http://www.sinolingua.com.cn
E-mail: hyjx@sinolingua.com.cn
Facebook: www.facebook.com/sinolingua
Printed by Dachang Rainbow Printing Co. Ltd

Printed in the People's Republic of China

前　言

　　人类社会步入 21 世纪，整个地球村以前所未有的速度发生着日新月异的变化，不同国家、不同地域的人们之间相互沟通和了解的需求也与日俱增。IB 语言课程的学习将语言能力的提升作为桥梁，以相互理解、团结协作、树立国际视野作为学习的终极目的，这与今日世界的全球化趋势是一致的。

　　为了更好地满足 IBDP 中文 B 课程师生对于阅读及听力材料的需求，我们根据 IBDP 中文科目的五大主题（身份认同、个人经历、发明创造、社会组织、共享地球）选取了一批文章，分类整理成阅读文本和听力文本，并根据 IB 新大纲（2020 年版）配以类型丰富、内容科学的练习题，进而形成了这套听读精练图书。本书每册对应 IBDP 的一个主题，每个主题分为 HL、SL 两个级别，通过有针对性的训练（听力训练的音频文件可以直接在华语教学出版社官网上下载），帮助学生在较短时间内稳步提高中文的阅读和听力理解能力。

　　中国是一个有着五千年历史的文明古国，也是一个焕发着勃勃生机的青春之国。为了让学习者更好地了解这个国家，本书所选取的阅读及听力文本不仅介绍了中国丰富多彩的文化传统，更介绍了今天中国社会的新鲜变化，内容涉及普通人的工作生活、科技的飞速发展、教育的改革变迁等，不仅契合 IBDP 中文 B 的五大主题，也体现了一个真实细腻的中国。通过本书，学习者不仅能提高自己中文的听读及表达能力，更能够逐步加深对中国社会的了解，进而达到 IB 所倡导的建立文化理解、培养国际视野的教育目标。

　　长风破浪会有时，直挂云帆济沧海。希望本书能陪伴学习 IBDP 中文 B 的学生踏上语言学习和文化沟通之路，摘取考试成功的桂冠！

目　录

非洲铁路　中国制造
阅读文本 02
阅读练习 04
听力练习 08
听力文本
　　"洋媳妇""洋女婿"在中国 10
练习答案 11

中国熊猫显身手：能当"网红"还能搞外交
阅读文本 14
阅读练习 16
听力练习 20
听力文本
　　中国全面禁贸象牙："送给人类的新年礼物" 22
练习答案 23

一样的高考，不一样的40年
阅读文本 26
阅读练习 28
听力练习 32
听力文本
　　大山里的网络直播课 34
练习答案 35

▍中国"厕所革命"初战告捷

阅读文本 38
阅读练习 40
听力练习 44
听力文本
　　中国版《放牛班的春天》 46
练习答案 47

▍一字奖十万：全球悬赏　破译中华古老文明

阅读文本 50
阅读练习 51
听力练习 55
听力文本
　　防治荒漠化　中国"向世界履约" 57
练习答案 59

▍中国春晚上的非洲女孩

阅读文本 64
阅读练习 66
听力练习 70
听力文本
　　中国人的"家"文化 72
练习答案 74

■ 海归农民
阅读文本 76
阅读练习 78
听力练习 82
听力文本
 英国名校将在中国设立分校 84
练习答案 86

■ 一份特殊的"重礼"
阅读文本 88
阅读练习 90
听力练习 94
听力文本
 治理"大城市病" 北京市政府搬家 96
练习答案 98

■ 人工智能会让我们失业吗?
阅读文本 100
阅读练习 102
听力练习 106
听力文本
 中国电竞运动:从新玩家到大玩家 108
练习答案 110

■ **各具特色的录取通知书**

阅读文本 112
阅读练习 114
听力练习 118
听力文本
    中国城市的"抢人大战" 120
练习答案 122

非洲铁路　中国制造

阅读文本

非洲铁路 中国制造

在埃塞俄比亚首都亚的斯亚贝巴的机场和市中心广场上,近来多了一些巨大的中文广告牌,广告牌的画面上,一列中国的HXD1C列车正奔驰在非洲现代化的铁路线上。

2016年10月5日,"中国制造"的亚吉铁路正式通车。与中国在海外建设的其他铁路项目相比,亚吉铁路不是最长的,120公里的设计时速也不是最快的,但它却是非洲有史以来第一条电气化铁路。对于内陆国家埃塞俄比亚来说,这意味着它与承载其90%以上货物进出的吉布提港的距离从原来的7天缩短至不到10小时。

早在20世纪70年代初,中国就已经向非洲兄弟伸出援助之手,修建了东非交通大动脉——坦赞铁路。那个年代是中国最艰难的时期,坦赞铁路因此成为中非友谊史上的丰碑。而与当时政府援建不同的是,40年后的今天,"新时期的坦赞铁路"的修建主要是市场和商业行为。

这是什么概念呢?谁的实力够强、技术过硬,谁的方案在当地的可行性更佳,谁就能在竞争中胜出。

在招标过程中,埃塞俄比亚首先考虑的合作对象是金砖国家,中国公司的方案和资金支持都获得了认可,最终埃塞俄比亚选择了与中国企业合作,并用"中国标准"构建了埃塞俄比亚的铁路标准。

到过中国、了解中国高铁的朋友会发现，亚吉铁路从设计标准到施工、监理，从乘务人员的礼仪、制服到火车票，一切都是纯正的"中国范儿"。这是市场化的选择，是埃塞俄比亚对中国高铁技术的信任。

近些年，中国铁路项目频频亮相世界。一些声音认为"中国是在向其他国家倾销落后技术和产能"，用埃塞俄比亚一位官员的话说，说这些话的人"是缺乏常识的，是无知的"。中国能够打出"高铁"这张名片，倘若没有过硬的技术和严格的标准，仅仅是落后产能转移，恐怕很难在各地开花结果，也未免太忽视了当地的自主选择。

亚吉铁路让我们看到，中国铁路与非洲的合作大大增强了当地的交通运输能力和互联互通，是"一带一路"倡议的又一个标志性成果，其对经贸发展的带动将成为非洲经济增长的新引擎。非洲人民也将享受到高铁带来的便利。

阅读练习

一、根据文章的内容，从下面各题的四个选项中选出正确答案。

（5分）

1. 亚吉铁路是中国与哪个国家合建的铁路？

A. 坦桑尼亚　　　　　　　　　　B. 埃塞俄比亚

C. 亚的斯亚贝巴　　　　　　　　D. 吉布提

2. 亚吉铁路的设计时速是_____公里。

A. 100　　　　B. 200　　　　C. 120　　　　D. 220

3. 从_____开始，中国就已经向非洲人民伸出了援建之手。

A. 20世纪60年代　　　　　　　　B. 20世纪70年代

C. 20世纪80年代　　　　　　　　D. 20世纪90年代

4. 被称为"东非交通大动脉"的是_____。

A. 亚吉铁路　　　　　　　　　　B. 坦赞铁路

C. 吉布提港　　　　　　　　　　D. 以上都不是

5. 下面哪一条描述是不正确的？

A. 亚吉铁路并不是中国在海外修建的铁路中最长的

B. 亚吉铁路并不是中国在海外修建的铁路中设计时速最快的

C. 亚吉铁路的"中国范儿"体现了非洲人民对于中国高铁技术的信任

D. 修建亚吉铁路是两国政府决定的，与市场无关

二、根据文章的内容，把左边的解释和右边的词语对应起来。（5分）

6. 从有历史开始到现在　　□　　A. 奔驰

　　　　　　　　　　　　　　　B. 援助

7. 帮助，支援　　　　　　□　　C. 距离

　　　　　　　　　　　　　　　D. 忽视

8. 承认，接受　　　　　　□　　E. 艰难

　　　　　　　　　　　　　　　F. 有史以来

　　　　　　　　　　　　　　　G. 认可

9. 一次又一次地，频繁地　□　　H. 意味着

　　　　　　　　　　　　　　　I. 频频

10. 轻视，忽略　　　　　　□

三、根据文章的内容，回答下面的问题。（5分）

11. 亚吉铁路的"中国标准"体现在哪些方面？（3分）

_____

12. 中国铁路与非洲的合作将会为当地的人民带来哪些好处？（2分）

A_____

B_____

四、根据文章内容，判断下列说法是对还是错，并用文中内容说明理由。（5分）

　　　　　　　　　　　　　　　　　　　　　　　　对　　错

13. 亚吉铁路是非洲第一条电气化铁路。　　　　　□　　□

　　理由：

　　_____

-5-

| | 对 | 错 |

14. 亚吉铁路开通后,从吉布提港运送货物到埃塞俄比亚只需要一个星期。

理由:
_____

15. 中国修建坦赞铁路的时候正是其经济开始发展的时期。

理由:
_____

16. 近年来,中国的航空项目频频亮相世界。

理由:
_____

17. 中国铁路与非洲国家的合作将促进非洲经济的发展。

理由:
_____

五、根据文章的内容，从右边选出最合适的结尾来完成左边的短句。（5分）

18. 一列中国的电气化列车 ☐　　A. 构建埃塞俄比亚的铁路标准。

19. 中国向非洲兄弟 ☐　　B. 竖立在市中心的广场上。

　　　　　　　　　　　　C. 市场化的选择。

20. 中国公司的方案和资金支持 ☐　　D. 正奔驰在非洲现代化的铁路线上。

21. 用"中国标准" ☐　　E. 亮相世界。

　　　　　　　　　　　　F. 高铁带来的便利。

22. 非洲人民也将享受到 ☐　　G. 正式通车。

　　　　　　　　　　　　H. 在竞争中取胜。

　　　　　　　　　　　　I. 都获得了认可。

　　　　　　　　　　　　J. 伸出援助之手。

一、根据录音内容,回答下面的问题。(5分)

1. 在中国,家里有"洋媳妇"或"洋女婿"的家庭被称为什么家庭?

_____

2. 什么因素成为了中国跨国婚姻的桥梁?

_____

3. 跨国婚姻的新婚夫妇喜欢举办哪一种婚礼?

_____

4. 很多在中国生活的"洋媳妇"和"洋女婿"除了会说普通话外,还会说什么话?

_____

5. 有的"洋媳妇"去哪里学做中国菜?

_____

二、根据录音内容，选择正确答案。（5分）

6.下面哪个选项是对"回头率"的正确理解？ □

    A."洋媳妇""洋女婿"回头关注的频率

    B."洋媳妇""洋女婿"走回头路的频率

    C.路人回头关注的频率

    D.路人走回头路的频率

7.下面哪一项不是录音中提到的"洋媳妇""洋女婿"的中国文化背景？ □

    A.在中国留学   B.学过中文

    C.喜欢中国功夫   D.喜欢中国文化

8.在中国过日子，汉语水平要达到_____。 □

    A.能跟另一半的家人朋友沟通   B.能砍价

    C.听得懂玩笑话   D.以上最好都会

9."连地方话也说得倍儿溜"，这句话中的"倍儿溜"本身就是一个地方话，它的意思是指_____。 □

    A.非常滑溜   B.快速地溜走

    C.非常的流利   D.不流畅

10.称自己"学了100年也没学会"包饺子的"洋女婿"本来的工作是_____。 □

    A.教师   B.面包师

    C.医师   D.美容师

三、根据录音内容，判断下列说法的对错。（5分）

11. 有外国成员的家庭在春节假期里一般不会团聚过年。 □

12. 随着中国开放程度的提高，"洋媳妇""洋女婿"在中国已经不再那么让人觉得奇怪了。 □

13. 很多"洋媳妇""洋女婿"的中文都说得很好。 □

14. 对于很多"洋媳妇""洋女婿"来说，中国美食做起来很容易。 □

15. 把硬币包进饺子里做成"幸运饺"，这样的习俗在很多国家都有。 □

"洋媳妇""洋女婿"在中国

春节假期刚过,中国家庭都度过了珍贵的团聚时光,有外国成员的"中西合璧"的家庭也不例外。"洋媳妇""洋女婿"在中国的日常生活如何?他们对于中国及中国文化又有着怎样的理解与感受?让我们一起来了解一下。

早些年,对于很多中国人来说,有个外国男朋友或女朋友还是比较稀奇的事儿,两人走在路上"回头率"还是相当高的。但随着中国开放程度的提高,"走出去"的中国人和"走进来"的外国人越来越多,"中西合璧家庭"的数量也随之增长,"洋媳妇""洋女婿"在中国也就见怪不怪了。

在大多数"中西和璧"的婚姻中,"洋媳妇""洋女婿"都有着中国文化的背景,或在中国留学,或学过中文,或喜欢中国文化。这种"中国情结"便成为了跨国婚姻的桥梁。在中国安家后,他们更是深深地"浸泡"在中国文化中。

中国现在大多数的年轻人结婚都会选择穿上西式的婚纱和礼服,手捧花束走过长长的红毯,但"中西合璧"的新婚夫妇似乎对中式婚礼情有独钟。他们不仅要穿上传统的大红旗袍,行敬茶、跪拜之礼,有的甚至还会精心设计抬花

轿、背媳妇、咬苹果等桥段，使得这场婚礼不仅令人难忘，而且更像是一场文化盛宴。

当然，婚礼过后，更多的时间还是过日子，而且是在中国过日子。首先，"洋媳妇""洋女婿"的汉语水平可不是会念两首唐诗就可以的，除了要跟另一半的家人朋友沟通，还要能听懂玩笑话，还要会砍价！不过大家别担心，很多"洋媳妇""洋女婿"不仅普通话说得好，连"地方话"也说得倍儿溜！

除了语言，饮食也是生活中不可或缺的重要部分。中国美食好吃，但做起来也有不小的难度。有的"洋媳妇"为了做中国菜，还特地去中国餐馆"拜师学艺"。对于不太做家务的"洋女婿"们来说，下厨就更是"痛并快乐着"的事情！有一位身为面包师的"洋女婿"就声称自己学包饺子"学了100年也没学会"！过年把硬币包进饺子里做成"幸运饺"，这样的习俗大概也只有当了"中国女婿"以后才能知道吧。

门上的对联、福字，玻璃上的窗花，还都是新年的气息，都还洋溢着浓浓的"中国年味儿"。我们欢迎且希望越来越多不同肤色、不同国家的外国朋友们来到中国，了解文化，遇见爱情，实现梦想。

练习答案

阅读

1. B 2. C 3. B 4. B 5. D
6. F 7. B 8. G 9. I 10. D
11. 设计标准、施工、监理，乘务人员的礼仪、制服，火车票（以上内容答出任意三个即可）。
12. A 大大增强当地的交通运输能力 B 带动经贸发展
13. 对。它是非洲有史以来第一条电气化铁路。
14. 错。从原来的7天缩短至不到10小时。
15. 错。修建坦赞铁路的那个年代是中国最艰难的时期。
16. 错。近年来，中国的铁路项目频频亮相世界。
17. 对。(中国铁路与非洲的合作)将成为非洲经济增长的新引擎。
18. D 19. J 20. I 21. A 22. F
23. F 24. C 25. E

听力

1. 中西合璧家庭
2. 中国情结
3. 中式婚礼
4. 地方话
5. 中国餐馆
6. C 7. C 8. D 9. C 10. B
11. 错 12. 对 13. 对 14. 错 15. 错

中国熊猫显身手：能当"网红"还能搞外交

阅读文本

中国熊猫显身手：能当"网红" 还能搞外交

随着社交媒体和网络直播的流行，中国"国宝"大熊猫越来越火，并收获了一众粉丝。抱饲养员大腿、淘气"挂门"，等等，在社交媒体上所有关于大熊猫的视频和动图都深受欢迎，动辄就有上亿次的点击量。忠实的粉丝们甚至能认清每只"网红"大熊猫分别是谁，叫什么名字。

2017年4月，习近平主席与芬兰总统尼尼斯托举行会谈，双方同意不断加强在体育、教育等领域的合作，不断丰富人文交流。一对中国大熊猫将会在2017年年底远赴芬兰，入住当地的一个自然保护区。这是中芬两国签署的有关大熊猫保护的一项协定，也是此前众多芬兰民众最期待的事情。

事实上，作为中国的国宝，"旅居"芬兰远不是大熊猫第一次出任友好使者。早在唐朝，它就被作为礼物赠送给日本天皇。

新中国成立以后，大熊猫更是担任了打开中国与西方国家外交关系的使者。1972年，美国总统尼克松访华，周恩来总理把四川宝兴县的大熊猫"玲玲"和"兴兴"作为国礼，送给美国人民，成就了中美外交史上的一段佳话。此后，大熊猫在很多国家走红，日本、法国、英国、墨西哥等国相继获赠大熊猫。

　　凭借着圆滚滚的身材、大大的黑眼圈和憨憨的体态，大熊猫用与生俱来的可爱形象，在中国的国际交往中发挥了特殊的作用，也因此成为其他国家民众眼中最有认知度的中国符号之一。这一符号体现出的温暖、憨厚和亲切友善的力量，以及与生态、自然和谐相处的姿态，正是中国在外交中传递给他国的文化印象。

　　中国通过大熊猫与世界各国的文化交流和民间往来仍在继续。更重要的是，不论是有关大熊猫的国际科研合作，还是大熊猫日常生活的记录与传播，最终都是希望吸引更多人关注大熊猫的生存和繁殖，让大熊猫获得更好的保护，快乐长久地陪伴在人类身边。

一、根据文章的内容，从下面各题的四个选项中选出正确答案。（5分）

1. 2017年中国与哪个国家签署了一项保护大熊猫的协定？ ☐
   A. 美国　　　　　　　　　　B. 日本
   C. 墨西哥　　　　　　　　　D. 芬兰

2. 这项协定约定，中国将会把_____只大熊猫送到这个国家的自然保护区。 ☐
   A. 一　　　　　　　　　　　B. 二
   C. 三　　　　　　　　　　　D. 四

3. 大熊猫在_____时期就已经成为了外交的友好使者。 ☐
   A. 汉朝　　　　　　　　　　B. 唐朝
   C. 明朝　　　　　　　　　　D. 以上都不是

4. 中国送给美国的大熊猫分别是_____。 ☐
   A. 玲玲、兴兴　　　　　　　B. 康康、兴兴
   C. 玲玲、兰兰　　　　　　　D. 康康、兰兰

5. 大熊猫之所以可爱，是因为它有着_____。 ☐
   A. 圆滚滚的身材　　　　　　B. 大大的黑眼圈
   C. 憨憨的体态　　　　　　　D. 以上都有

二、根据文章的内容，把左边的解释和右边的词语对应起来。（6分）

6. 展现出本领、才能 ☐
7. 流行语，指社交网络上的明星 ☐
8. 流行语，指明星或者偶像的拥护者 ☐
9. 作为客人生活在家乡之外的某个地方 ☐
10. 一出生就有的 ☐
11. 和平友好地在一起 ☐

A. 和谐相处
B. 粉丝
C. 旅居
D. 网红
E. 显身手
F. 与生俱来
G. 忠实
H. 加强
I. 保护
J. 友好使者
K. 亲切友善

三、根据文章的内容，回答下面的问题。（4分）

12. 新中国成立后，大熊猫在中国和西方国家的外交史上担任了什么角色？（1分）

_____

13. 在外国人眼中，熊猫与中国有什么关系？（1分）

_____

14. 对大熊猫生存与繁殖的研究目的是什么？（2分）

A_____
B_____

四、根据文章内容，判断下列说法是对还是错，并用文中内容说明理由。（5分）

对　错

15. 大熊猫越来越受欢迎，与现代新媒体的迅速发展有密切的关系。　□　□

理由：_____

16. 社交媒体上有关大熊猫的视频不一定都会受到关注。　□　□

理由：_____

17. 每一个粉丝都能叫出所有大熊猫的名字。　□　□

理由：_____

18. 周恩来总理在 1972 年向美国赠送了一对大熊猫。　□　□

理由：_____

19. 在世界上，大熊猫已经成为中国的代表符号之一。　□　□

理由：_____

五、根据文章的内容，从右边选出最合适的结尾来完成左边的短句。（5分）

20. 熊猫担任了 ☐   A. 温暖、憨厚和亲切友善的力量。

                              B. 发挥了特殊的作用。

21. 大熊猫这一符号体现出 ☐   C. 深受欢迎。

                              D. 仍在继续。

22. "网红"大熊猫收获了 ☐   E. 领域的合作。

                              F. 中美外交史上的一段佳话。

23. 赠送大熊猫成就了 ☐   G. 外交使者。

                              H. 有关熊猫保护的一项协定。

24. 中国与世界各国的文化交流   I. 第一次出任友好使者。
    和民间往来 ☐   J. 一众粉丝。

# 听力练习

一、根据录音内容，选择正确答案。（5分）

1. 中国从什么时候开始禁止买卖象牙？
   _____

2. 中国一项与象牙有关的民间艺术叫什么？
   _____

3. 象牙走私的后果是什么？
   _____

4. 文中提到了哪一个名人呼吁禁止象牙买卖？
   _____

5. 文中提到的反对象牙贸易的电影叫什么名字？
   _____

二、根据录音内容，选择正确答案。（5分）

6. 中国的哪个机构发布微博宣布全面禁止象牙贸易？ □

   A. 商业部   B. 农业部

   C. 林业局   D. 外交部

7. 中国全面禁止象牙贸易的内容是什么?

    A. 禁止商业性加工象牙制品　　　　B. 禁止销售象牙制品

    C. 禁止购买象牙制品　　　　　　　　D. 以上都有

8. 象牙饰品之所以受欢迎是因为____。

    A. 形状特别　　　　　　　　　　　　B. 颜色特别

    C. 特别柔软　　　　　　　　　　　　D. 特别坚硬

9. 全球象牙走私会导致____的大象数量急剧减少。

    A. 亚洲　　　　　　　　　　　　　　B. 非洲

    C. 欧洲　　　　　　　　　　　　　　D. 美洲

10. 人类的活动不应该建立在破坏____的基础之上。

    A. 社会秩序　　　　　　　　　　　　B. 公共道德

    C. 人类文明　　　　　　　　　　　　D. 生态环境

三、根据录音内容，判断下列说法的对错。（5分）

11. 中国人并不喜欢象牙制品。

12. 为了获取象牙，人们会杀死大象。

13. 中国全面禁止象牙贸易，对世界野生动物保护具有重要的意义。

14. 篮球运动员姚明几十年来一直在通过各种方式呼吁禁止象牙贸易。

15. 保护生态环境、保护地球的事业需要世界上所有国家共同努力。

中国全面禁贸象牙："送给人类的新年礼物"

2017年12月31日，中国国家林业局发布了一条微博，宣布中国全面停止商业性加工和销售象牙制品，从此，买卖象牙都是违法行为。微博称："这是中国送给大象的新年礼物。"

在国际市场上最灰暗的角落里，秘密流转着大量象牙制品。很多人欣赏温润细腻、色泽特别的象牙饰品。坦白地说，从前一些中国人也不例外。象牙雕刻是中国的一门传统民间艺术，不少人都喜欢收藏象牙工艺品。

但是，全球象牙走私猖獗、"生意兴隆"的背后，是非洲大象数量的急剧减少。为了获得象牙，大象会被杀死。一些企业和个人利欲熏心，为了获得象牙不惜伤害大象，破坏自然环境。

中国加入到全面禁止象牙贸易的国家行列中来，能更有效地减少走私和盗猎象牙，必然对世界野生动物保护产生重要的意义。另一方面，中国正在引导那些象牙雕刻技艺传承人用替代材料发展其他牙雕、骨雕等技艺。用科学的方法处理文化传承和生态保护的关系留给后代的不仅是几千年的技艺，还有更好的理念和更美的大自然。

　　中国人对人类生存环境的关怀和责任感不断加强：著名篮球运动员姚明，十几年来通过各种方式呼吁禁止象牙贸易；中国留学生黄泓翔去非洲卧底，调查象牙、犀牛角贸易，他的事迹还被电影《象牙游戏》记录下来。

　　人类的各种活动本来就不应该建立在破坏生态环境的基础之上。在这方面，中国正在用行动改变着自己。这项事业也需要全球共同努力，互相监督。以科学方式保护野生动物，保护地球，这也是送给人类自己的礼物。

练习答案

阅读

1. D 2. B 3. B 4. A 5. D
6. E 7. D 8. B 9. C 10. F 11. A
12. 打开中国与西方国家外交关系的使者。
13. 大熊猫是最有认知度的中国符号之一。
14. A 让大熊猫得到更好的保护
　　B 让大熊猫快乐长久地陪伴在人类身边
15. 对。随着社交媒体和网络直播的流行，中国"国宝"大熊猫可谓是越来越火。
16. 错。在社交媒体上所有关于大熊猫的视频和动图都深受欢迎。
17. 错。忠实的粉丝们甚至能认清每只"网红"大熊猫分别是谁，叫什么名字。
18. 对。1972年，周恩来总理把四川宝兴县的大熊猫"玲玲"和"兴兴"作为国礼，送给美国人民。
19. 对。大熊猫成为其他国家民众眼中最有认知度的中国符号之一。
20. G 21. A 22. J 23. F 24. D

听力

1. 2017年12月31日
2. 象牙雕刻
3. 大象数量的减少
4. 姚明
5. 《象牙游戏》
6. C 7. D 8. B 9. B 10. D
11. 错 12. 对 13. 对 14. 错 15. 对

一样的高考，不一样的 40 年

一样的高考，不一样的40年

每年夏天，中国都会有几百万年轻人迎来他们人生中最特别的一场考试——高考。这是中国大学招生的统一选拔考试。

在中国，要想进入大学，高考几乎是必经之路。考试科目包括语文、数学、外语，外加一门由物理、化学、生物或历史、地理、政治组成的综合科目，总分750分。考生根据考分填报志愿。2018年，中国参加高考的人数达到了975万，是近8年来人数最多的一次。

在过去，高考曾深刻地改变了中国社会。1977年之前的10年，中国没有高考，这期间，只有少数人经推荐才能上大学。到1977年，为了解决人才短缺的迫切问题，中国恢复了高考制度。青年学生们有了公平参加考试的机会，他们中的佼佼者被大学录取，毕业后成为各行业的骨干人才，推动了中国的现代化建设。这些人的命运也由此改变。

高考刚恢复时，数学、物理等专业受到人们的欢迎；到了20世纪八九十年代，随着中国改革开放进程的推进，经济、法律、国际贸易、计算机等专业相继成为热门；到现在，最新的"爆款"专业已经是大数据和机

器人，还有报考人数明显上升的"一带一路"小语种专业，以及在"二孩"形势下新设的助产学专业等。专业选择的背后折射出的是时代和社会的发展变迁。

　　40年来，通过高考，1亿多学子走进了高等教育的大门，他们在改变自己命运的同时，也成为中国改革开放、经济发展的见证者、参与者和中坚力量。今天，高考录取率已经从刚开始的不到5%上升至80%以上。特别是欠发达的中西部地区，录取率更是逐年提高。中国的高考，既是推动经济社会发展的手段，也是促进社会公平的重要方式。

 **阅读练习**

一、根据文章的内容，从下面各题的四个选项中选出正确答案。
（5分）

1. 高考的科目不包括下面哪一门？

   A. 语文　　　　　　　　　　B. 数学

   C. 外语　　　　　　　　　　D. 经济

2. 2018年，中国参加高考的人数是_____人数最多的一次。

   A. 近三年来　　　　　　　　B. 近五年来

   C. 近八年来　　　　　　　　D. 近十年来

3. 中国的高考制度是在_____年恢复的。

   A. 1949　　　　　　　　　　B. 1977

   C. 1987　　　　　　　　　　D. 以上都不是

4. 高考刚刚恢复时，最受欢迎的专业包括_____。

   A. 数学、物理　　　　　　　B. 法律、外语

   C. 经济、计算机　　　　　　D. 医学、国际贸易

5. 高考一共使_____学生接受了高等教育。

   A. 三千万　　　　　　　　　B. 八千万

   C. 一亿多　　　　　　　　　D. 两亿多

二、根据文章的内容，把左边的解释和右边的词语对应起来。（5分）

6. 一定要经过的路径或必须使用的方法　☐

7. 一群人里最优秀的、最突出的　☐

8. 重视，喜爱　☐

9. 形容非常受欢迎的款式或品种　☐

10. 经济水平不高、发展比较落后　☐

A. 佼佼者
B. 欠发达
C. 录取
D. 青睐
E. 人才短缺
F. 选拔
G. 必经之路
H. 恢复
I. 爆款
J. 推进

三、根据文章的内容，回答下面的问题。（7分）

11. 中国的高考考试科目的三门主科是什么？（1分）

_____

12. 中国为什么在1977年恢复了高考？（1分）

_____

13. 恢复高考制度对年轻人来说有什么意义？（1分）

_____

14. 大学毕业的年轻人对中国做出了什么贡献？（1分）

_____

15. 目前最受欢迎的热门专业是什么？（3分）

A_____

B_____

C_____

四、根据文章内容，判断下列说法是对还是错，并用文中内容说明理由。（5分）

	对	错
16. 中国学生要进入大学，可以有很多方式。 理由：	☐	☐
17. 参加高考的考生要准备六门功课的学习。 理由：	☐	☐
18. 热门专业的转变反映了时代的发展。 理由：	☐	☐
19. 中国高考的录取率一直都比较高。 理由：	☐	☐

	对	错
20. 中国的高考是促进教育公平的重要手段，与社会发展没有什么关系。 理由：_____	□	□

五、请把下面的段落和段落大意搭配起来。（3分）

21. 第二段　　□　　　A. 中国中西部地区的高考录取率

　　　　　　　　　　B. 高考的简要介绍

22. 第三段　　□　　　C. 中国高考的人数统计

　　　　　　　　　　D. 1977年前后高考的变化

23. 第四段　　□　　　E. 高考改变了青年学生的命运

　　　　　　　　　　F. 专业选择的变化

听力练习

一、根据录音内容，选择正确答案。（5分）

1. 鹿马岔小学所在地区，大部分孩子去了哪里上学？

   _____

2. 文中提到的音乐课是通过什么方式进行的？

   _____

3. 甘肃省有多少所学生不到5人的学校？

   _____

4. 甘肃省从什么时候开始在贫困地区试用网络直播教学？

   _____

5. 中国政府最看重的一个民生问题是什么？

   _____

二、根据录音内容，选择正确答案。（5分）

6. 鹿马岔小学在中国的哪个省？　　　　　　　　　　　□

   A. 陕西省　　　　　　　　　　B. 四川省

   C. 青海省　　　　　　　　　　D. 甘肃省

7. 鹿马岔小学一共有多少学生？

　　A. 3个　　　　　　　　　　　B. 5个

　　C. 10个　　　　　　　　　　 D. 1000个

8. 鹿马岔小学的视频直播设备包括一根网线、_____和一个摄像头。

　　A. 一位老师　　　　　　　　 B. 一台电脑

　　C. 一台多媒体一体机　　　　 D. 一位主播

9. 中国_____的迅猛发展为贫困地区的教育事业带来了变化。

　　A. 金融业　　　　　　　　　 B. 农业

　　C. 工业　　　　　　　　　　 D. 互联网

10. 中国在2014年实现了_____年义务教育全覆盖。

　　A. 三　　　　　　　　　　　 B. 五

　　C. 九　　　　　　　　　　　 D. 十二

三、根据录音内容，判断下列说法的对错。（5分）

11. 鹿马岔小学的学生少，是因为学校所在地区的人口少。

12. 根据录音可以知道，鹿马岔小学的网络直播课是英语课。

13. 通过视频切换，老师可以跟不同学校的学生实现互动。

14. 教育公平是社会公平的重要基础。

15. 鹿马岔小学的学生一直以来都能接受艺术教育。

大山里的网络直播课

在中国甘肃省的山区，有一所鹿马岔小学。这里一共只有三名学生，因为条件稍好的家长都送孩子去外地上了更好的学校，留下的这三个孩子就是中国最贫困人群的代表。

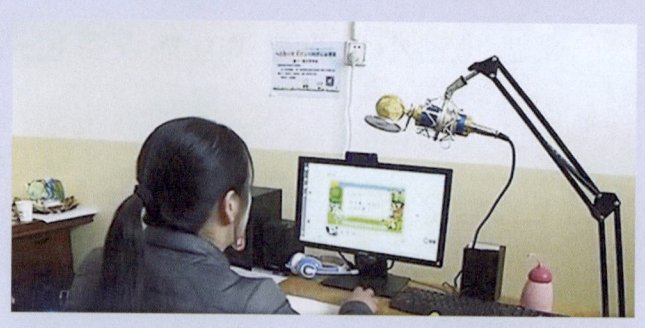

幸运的是，时下中国年轻人中最火的社交方式——网络直播，正在走进他们的教室。一根网线、一台多媒体一体机、一个摄像头，组成了鹿马岔小学的视频直播课堂。线上，一名音乐老师出现在屏幕上，教孩子们乐谱，随时点名邀请学生演唱，并进行指导。线下，教室里还有一名助教老师负责组织课堂。

在甘肃省，像鹿马岔小学这样五名学生以下的学校有近千所。为了让这些贫困的孩子们接受更好的教育，从2017年开始，甘肃省开始了网络直播教学的试点。现在，鹿马岔小学所在区域内所有的学校都实行了统一课表，聘请优秀的教师在线上直播教学，老师们可以通过视频切换跟各教学点的学生互动。网络直播将这些农村的孩子们联系起来，有的性格活泼、多才多艺的同学还成为了他们中的"小网红"。

中国互联网的迅猛发展为贫困地区的教育事业带来了变化。农村地区宽带建设加快、新的互联网教育企业不断出现，使得更好的公共服务和技术能够进入农

村学校。这背后，政府和国家战略发挥了巨大的推动作用。促进教育公平，是中国政府最看重的民生问题之一，因为它是社会公平的重要基础。中国在2014年实现了九年义务教育全覆盖，现在，鹿马岔小学通过网络直播让贫困学生学习以前接触不到的艺术类课程，则体现出对于教育质量公平的进一步追求。

　　近年来，中国的互联网、人工智能等领域的巨大进展引起全球关注。我们可以看到，中国在谋求发展的同时，也在重视社会公平，努力让其发展成果为每个百姓所共享。有些改变或许需要时间，但是却在实实在在地发生。

阅读

1. D 2. C 3. B 4. A 5. C
6. G 7. A 8. D 9. I 10. B
11. 语文、数学、外语（三个必须全写出来才能得分）
12. 为了解决人才短缺的问题
13. 有了公平参加考试的机会
14. 推动了中国的现代化建设
15. A 大数据和机器人 B 小语种 C 助产学
16. 错。在中国，要想进入大学，高考几乎是必经之路。
17. 对。考试科目包括语文、数学、外语，外加一门由物理、化学、生物或历史、地理、政治组成的综合科目。
18. 对。专业选择的背后折射出的是时代和社会的发展变迁。
19. 错。刚开始时高考的录取率不到5%。
20. 错。中国的高考既是推动经济社会发展的手段，也是促进社会公平的重要方式。
21. B 22. D 23. F

听力

1. 外地
2. 网络直播
3. 近千所
4. 2017年
5. 促进教育公平
6. D 7. A 8. C 9. D 10. C
11. 错 12. 错 13. 对 14. 对 15. 错

中国"厕所革命"初战告捷

中国"厕所革命"初战告捷

你能想象吗——在中国大西北的戈壁滩上,竟然有为游客提供Wi-Fi的公厕?这得益于中国的"厕所革命"。2015年以来,中国政府投资约200亿元新建或改建公厕,从数量到质量、从外观到内在、从硬件到软件,都在下工夫。

首先是外型,比如,重庆的"照相机公厕"、临汾的"彩虹公厕"、桂林芦笛景区的"透明公厕"、盐城的"船坞公厕"、景德镇的"青花瓷公厕"、南京的"牛首山公厕"……这些公厕与城市和景区本身的特色相映成趣,有的甚至能够成为景区的新招牌。

当然,这还只是外在美,公厕的卫生与服务又怎么样呢?现在,母婴室、无障碍设施、儿童厕位已经成为很多公厕的"标配",Wi-Fi、汽车充电桩、ATM、急救箱等配备也正日益增多。更加具有人文关怀的是男、女厕之外的"第三卫生间",当不同性别的家庭成员共同外出,其中一人行动不便需要照顾时,"第三卫生间"就能让人免遭尴尬。

新科技也推动了"厕所革命"。青岛崂山景区公厕内的智能设备能监测人员等候情况,自动调整男女厕位数量。最近上线的"城市公厕云平台"汇总了全国公厕信息,网友打开手机就能查找到附近的公厕,跳转到地图软件,按指挥顺利到达。

中国"厕所革命"的另一个"战场"是在农户家中。目前,中国农村卫生厕所普及率已接近85%,主要由政府力量主导。例如,山东省就对几百万农户进行补贴，让农民几乎不花一分钱，就把自家简陋的旱厕变成了无害化卫生厕所。

厕所虽小，但关系到老百姓的幸福感，也关系到景区给游客留下怎样的第一印象。中国每年接纳约45亿人次的中外游客，保守地按每人在旅途中上8次厕所来计算，游客的上厕所数就是360亿次。中国政府正在从细节着手，努力把这个天文数字化为一个个"赞"，由全球游客带回自己的家乡。

阅读练习

一、根据文章的内容，从下面各题的四个选项中选出正确答案。（5分）

1. 2015年以来，中国政府在新建或改建公厕方面花了多少钱？ □

   A. 50亿元　　　　　　　　　　　B. 80亿元

   C. 150亿元　　　　　　　　　　 D. 200亿元

2. 新型公厕为人们提供的便利不包括下面哪一项？ □

   A. 母婴室　　　　　　　　　　　B. Wi-Fi

   C. 小童厕位　　　　　　　　　　D. 照相机

3. 下面哪种人可以进入第三卫生间？ □

   A. 只有男性　　　　　　　　　　B. 只有女性

   C. 男女都可以　　　　　　　　　D. 只有儿童

4. 哪一个地方的公厕能根据人员等候情况自动调整男女厕位数量？ □

   A. 青岛崂山景区　　　　　　　　B. 大西北戈壁滩

   C. 四川青城山景区　　　　　　　D. 北京奥林匹克公园

5. 中国"厕所革命"除了涉及城市的公厕，还包括＿＿＿＿。 □

   A. 城市的自家厕所　　　　　　　B. 农村的自家厕所

   C. 城市酒店的厕所　　　　　　　D. 农村酒店的厕所

二、根据文章的内容,把左边的解释和右边的词语对应起来。(5分)

6. 获得胜利,取得成功　☐

7. 甲和乙相互烘托相互映衬,呈现出别致的意趣　☐

8. 避免落入窘迫的境地　☐

9. 监视,检测　☐

10. 形容数据非常之大　☐

A. 免遭尴尬
B. 一臂之力
C. 调整
D. 告捷
E. 相映成趣
F. 耗资
G. 抢镜
H. 监测
I. 普及
J. 天文数字

三、根据文章的内容,回答下面的问题。(6分)

11. 中国的"厕所革命"体现在哪几个方面?(3分)

A_____

B_____

C_____

12. 为什么改革后的公厕成为了景区的新招牌?(1分)

_____

13. 青岛崂山景区的公厕使用了什么设备令其与众不同?(1分)

_____

14. 谁出资进行中国农村的"厕所革命"?(1分)

_____

四、根据文章内容，判断下列说法是对还是错，并用文中内容说明理由。（5分）

　　　　　　　　　　　　　　　　　　　　　　　　　　　对　　错

15. 人们在重庆的"照相机公厕"里可以购买照相机。　　　□　　□

　　理由：_____

16. 现在，中国所有的公厕都已经配备了母婴室和汽车充电桩。　　　　　　　　　　　　　　　　　　□　　□

　　理由：_____

17. 第三卫生间主要是为了方便儿童上厕所。　　　　□　　□

　　理由：_____

18. "城市公厕云平台"是一款借助新科技的力量帮助人们查找附近厕所及信息的软件。　　　　　　　□　　□

　　理由：_____

	对	错
19. 厕所的好与坏跟人们的幸福感没有太大关系。	□	□

理由：

_____

五、根据文章的内容，从右边选出最合适的结尾来完成左边的短句。（4分）

20. 青花瓷公厕的外形　□

21. 第三卫生间能让人　□

22. 新科技可以　□

23. 打开手机　□

A. 得益于中国的"厕所革命"。
B. 查找附近的公厕。
C. 免遭尴尬。
D. 给游客留下第一印象。
E. 非常抢镜。
F. 行动不便需要照顾。
G. 跳转到地图软件。
H. 为"厕所革命"助一臂之力。

 听力练习

一、根据录音内容，选择正确答案。（5分）

1. 电影《放牛班的春天》里，马修老师在教养院成立了什么艺术团体？
   _____

2. 大塘小学合唱团的学生除了中文还可以用什么语言唱歌？
   _____

3. 王老师来大塘小学几年了？
   _____

4. 王老师从小就对什么感兴趣？
   _____

5. 王老师刚来大塘小学的时候，学生们对音乐的了解程度有多少？
   _____

二、根据录音内容，选择正确答案。（5分）

6. 《放牛班的春天》是哪个国家的电影？　　　　　　　　　　　　　□

   A. 中国　　　　　　　　　　　　　　B. 美国

   C. 法国　　　　　　　　　　　　　　D. 奥地利

7. 中国版《放牛班的春天》的故事发生在哪个省？

A. 海南　　　　　　　　　　　　B. 河南

C. 湖南　　　　　　　　　　　　D. 云南

8. 王老师在网络上发起众筹是为了＿＿＿。

A. 筹钱举办音乐会　　　　　　　B. 筹钱租教室

C. 筹钱买乐器　　　　　　　　　D. 筹钱带孩子去旅游

9. 王老师在网上发起的众筹＿＿＿。

A. 3小时内筹集了10万元　　　　B. 30小时内筹集了1万元

C. 10小时内筹集了3万元　　　　D. 30小时内筹集了10万元

10. 下面哪一个选项文中没有提到？

A. 大塘小学的位置很偏远

B. 接受艺术教育以后，孩子们的学习成绩越来越好

C. 王老师毕业于名牌大学

D. 王老师把音乐比喻成她洒向世界的蒲公英

三、根据录音内容，判断下列说法的对错。（5分）

11. 艺术团的孩子们登上大城市的舞台时都非常勇敢自信。

12. 王老师刚到大塘小学时，只有部分学生懂得乐理知识。

13. 王老师在大塘小学的工作很轻松。

14. 在中国，人们喜欢把孩子比喻成花朵，把父母比喻成园丁。

15. 在电影《放牛班的春天》里，皮埃尔最终成为了音乐家。

中国版《放牛班的春天》

在法国电影《放牛班的春天》里,克莱门特·马修老师在"池塘底教养院"成立合唱团,用音乐打开学生们封闭的心灵,也打动了全球观众。

相似的故事正在中国真实上演——支教老师王珒珻带领一支由山区孩子组成的艺术团登上了国际都市的舞台。虽然登台时的脚步还有点儿胆怯,但放声歌唱时,孩子们不仅把云南山歌唱得流畅动听,就连英语、德语歌曲也唱得十分自如。

就在两年前,这些孩子甚至连简谱都还不认识。他们来自云南腾冲的大塘村,位置很偏远。虽然大塘小学的设施条件还不错,但教师人员不足,尤其缺失艺术教育方面的老师。王珒珻毕业于名牌大学,从小学习音乐。来支教前,她就计划在小学里组建艺术团,可是这个过程却比她想象的困难得多——没有音乐教室、没有乐器、学生们的乐理知识为零……王珒珻想办法买来竖笛、钢琴等乐器,孩子们学得很起劲儿。王珒珻忙得团团转,但她说,每次钢琴声结束,与学生相视而笑的时候,是她最幸福的瞬间。

艺术教育是要把人朝着美和善良的方向引导。音乐对孩子们的改变显而易见,在王老师的课上,一个曾经内向的小姑娘变得热情开朗,一个不合群的小男生开始懂得为他人考虑——就像电影里的情节一样,少年们开始用自己的实力来赢得尊重。

王珒珻想让孩子们走出大山去看看外面的世界,于是她在网上发起众筹,想办一个专场音乐会,没想到在30小时之内就筹到了10万余元,人们的爱心帮助山里娃圆了梦。

现在,越来越多的中国青年投身公益,他们尤其关注儿童与教育问题。在中国,人们常常将孩子比喻成花朵,把老师比喻成园丁。王珒珻曾说:"音乐是我洒向这个世界的蒲公英。"在电影《放牛班的春天》里,皮埃尔最终成为了音乐家,也许大塘小学的孩子中也会有人像他一样。但这不是最重要的,重要的是蒲公英的种子已经随风飘散,在更广阔的世界中发芽、生长。

练习答案

阅读

1. D 2. D 3. C 4. A 5. B

6. D 7. E 8. A 9. H 10. J

11. A 从数量到质量 B 从外观到内在 C 从硬件到软件

12. 因为这些公厕与景区本身的特色相映成趣。

13. 新科技的智能设备

14. 中国政府

15. 错。首先抢镜的是外型，比如，重庆"照相机公厕"。

16. 错。现在，母婴室已经成为很多公厕的"标配"。

17. 错。第三卫生间是方便当不同性别的家庭成员共同外出，其中一人行动不便需要照顾时使用。

18. 对。"城市公厕云平台"汇总了全国公厕信息，网友打开手机就能查找到附近的公厕。

19. 错。厕所虽小，但关系到老百姓的幸福感。

20. E 21. C 22. H 23. B

听力

1. 合唱团

2. 英语和德语（必须两个都写出来才可得分）

3. 两年

4. 音乐

5. 学生们的乐理知识为零/一点儿都不了解/连简谱都不认识

6. C 7. D 8. A 9. D 10. B

11. 错 12. 错 13. 错 14. 错 15. 对

一字奖十万：全球悬赏破译中华古老文明

一字奖十万:全球悬赏 破译中华古老文明

认出一个字,就能获得十万元奖金,这不是天上掉馅儿饼吗?而且还是个"金馅儿饼"!不过,世界上还真有这样的好事儿。

位于中国河南安阳的中国文字博物馆日前向海内外

发出征集令,鼓励人们破译有着三千多年历史的古老文字——甲骨文。只要能破译出一个以前没有被解读的甲骨文字,而且经过专家认定,就可以获得十万元的奖金!

汉字是世界上最古老的文字之一,而现存的最早的汉字就是殷商时期的甲骨文。1899年,甲骨文在河南安阳小屯村被首次发现,坚硬的龟壳、兽骨上刻有商朝先民占卜记事用的文字,它是商代社会生活的日志,涉及政治、军事、社会习俗、天文、立法等方方面面。

迄今为止,中国一共出土了15万片以上的甲骨,上面有单字5000个左右,但考古学者和文字学者能够破译的只有2000个。

当然,破译甲骨文字是一件非常艰难的工作,哪怕是译出一个字也是一个了不得的进步。特别是甲骨文中的动词,一旦破译,就会带动上下文的理解,使研究获得突破性的进展。比如,图中这个甲骨文字,上面的部分表示人的脚,下面的部分表示一种刑具,脚从刑具中逃离出来,后来逐渐演变成现代汉字"逸",意思是逃跑,引申为安闲、不受拘束等。由此可见,甲骨文的破译还见证着汉字的联想力和艺术性。

世界上一些古老的文字，比如苏美尔人的楔形文字、古埃及的圣书字、玛雅文字等，都早已消亡，只有中国的汉字几经演变，经久不衰，至今仍在被全球华人广泛使用。如果能够完整地破译甲骨文，那么我们不仅能了解到三千年前

中国商代先民的生活，也会让世人看到一个更加丰富的古代中华文明。

中国文字博物馆希望对甲骨文感兴趣的人们能把现代技术手段与传统研究方法相结合，在甲骨文的破译方面有所突破。如果你认为自己有足够的象形文字知识积累，又有足够的想象力和判断力，那你为什么不加入这支破译甲骨文的队伍呢？也许你真的能有所发现，得一个大奖呢！

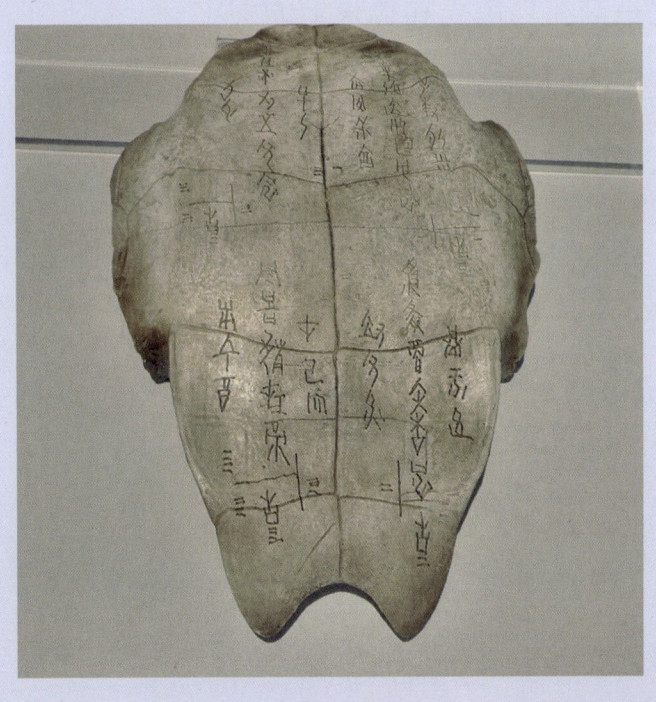

阅读练习

一、根据文章的内容，从下面各题的四个选项中选出正确答案。
（5分）

1. 中国文字博物馆位于＿＿＿＿。　□

    A. 河南省　　　　　　　　　　　　B. 湖南省

    C. 江苏省　　　　　　　　　　　　D. 河北省

2. 甲骨文是什么时候被发现的？　□

    A. 1699 年　　　B. 1799 年　　　C. 1899 年　　　D. 以上都不对

3. 下面关于甲骨文的说法哪一个是不正确的？　□

    A. 甲骨文是现存的最早的汉字

    B. 甲骨文是刻在乌龟壳和兽骨上的文字

    C. 甲骨文是商朝人写的日记

    D. 甲骨文中的动词对于上下文的理解有重要意义

4. 到目前为止，中国一共破译了＿＿＿＿个甲骨文字。　□

    A. 3000　　　　B. 5000　　　　C. 2000　　　　D. 不到 2000

5. 下面哪种说法文中没有提及？　□

    A. 破译甲骨文需要经过专家认定

    B. 破译出一个甲骨文可以获得十万元奖金

    C. 破译甲骨文需要有一定的想象力

    D. 甲骨文是商人创造出来的

二、根据文章的内容，把左边的解释和右边的词语对应起来。（6分）

6. 破解（难题），揭开秘密 ☐

7. 历史非常悠久的 ☐

8. 激发别人的意志，勉励 ☐

9. 悠闲自在 ☐

10. 消失，不再存在 ☐

11. 经历了很长时间仍然具有顽强的生命力 ☐

A. 古老
B. 认定
C. 破译
D. 积累
E. 经久不衰
F. 鼓励
G. 安闲
H. 现存
I. 见证
J. 演变
K. 消亡

三、根据文章的内容，回答下面的问题。（5分）

12. 为什么破译出一个甲骨文的动词意义重大？（1分）

_____

13. 完整地破译甲骨文对于现代人来说有什么重要意义？（2分）

A_____

B_____

14. 破译甲骨文需要哪些能力？（2分）

A_____

B_____

四、根据文章内容，判断下列说法是对还是错，并用文中内容说明理由。（4分）

对　错

15. 中国文学博物馆向海内外的人们发出了破解甲骨文的征集令。　□　□

理由：_____

16. 甲骨文是中国古代的人占卜记事用的文字。　□　□

理由：_____

17. 世界上的古老文字现在都已经不存在了。　□　□

理由：_____

18. 甲骨文的破译证明了汉字是有艺术性的。　□　□

理由：_____

五、根据文章的内容，从右边选出最合适的结尾来完成左边的短句。（5分）

19. 认出一个字 □	A. 15万片以上的甲骨。
	B. 就可以奖励十万元。
	C. 能够破译的只有2000个。
20. 甲骨文涉及 □	D. 政治、军事、天文、立法等方方面面。
21. 中国一共出土了 □	E. 也许你真的能有所发现呢。
	F. 就是天上掉馅儿饼。
	G. 至今仍在被全球华人广泛使用。
22. 考古学者和文字学者 □	H. 认为自己有足够的象形文字。
	I. 也是一个了不得的进步。
23. 哪怕译出一个字 □	J. 有单字5000个左右。

听力练习

一、根据录音内容,选择正确答案。(5分)

1. 什么现象被称为"地球的癌症"?
   _____

2. 吉日嘎拉图是哪个少数民族的人?
   _____

3. 吉日嘎拉图花了多少年的时间治沙造林?
   _____

4. 一共有多少个人参与这个治沙造林工程?
   _____

5. 他们每天什么时候开始工作?
   _____

二、根据录音内容,选择正确答案。(5分)

6. 荒漠化不仅是环境问题,也是_____问题。　　　　　□

　　A. 自然保护　　　　　　　　　B. 人类生存

　　C. 社会经济　　　　　　　　　D. 生态平衡

7.《联合国防治荒漠化公约》是在哪一年诞生的？

 A. 1994   B. 1995

 C. 1999   D. 2001

8. 第十三次缔约方大会在中国内蒙古的_____举行。

 A. 毛乌素   B. 赤峰

 C. 呼和浩特   D. 鄂尔多斯

9. 下面哪一项不属于录音中提到的内蒙古的特点？

 A. 有大沙漠   B. 有大湖泊

 C. 有大草原   D. 有大森林

10. 吉日嘎拉图一共治沙造林_____多亩。

 A. 5000   B. 10000

 C. 12000   D. 18000

三．根据录音内容，判断下列说法的对错。（5分）

11. 防治荒漠化需要中国政府独立应对。

12.《联合国防治荒漠化公约》的缔约方大会每两年举办一次。

13. 中国的内蒙古荒漠化十分严重。

14. 在吉日嘎拉图与沙漠的"战斗"中，他的同伴还包括一匹马。

15. 防治荒漠化主要靠市民自己解决。

防治荒漠化　中国"向世界履约"

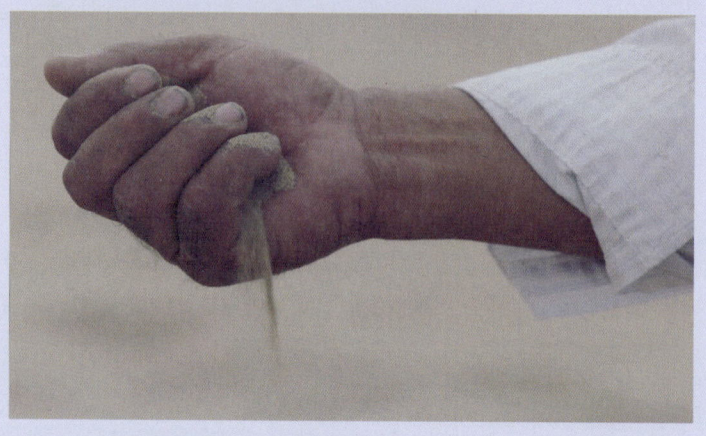

荒漠化被称为"地球的癌症",它不仅是环境问题,也是社会经济问题,需要全人类来携手应对。基于这种共同认识,1994年,《联合国防治荒漠化公约》诞生。缔约方大会每两年举办一次。2017年,第十三次大会在中国内蒙古自治区的鄂尔多斯市闭幕,196个缔约方在此集结,为实现"2030年全球土地退化零增长"等目标建言献策并许下承诺,中国国家主席习近平还专门向大会发来了贺信。

这次大会之所以选址在内蒙古,是因为这里既是中国荒漠化最严重的地区之一,也是防沙治沙成效最显著的省区。内蒙古位于中国的正北方,最大的特点是拥有大森林、大草原和大沙漠。一望无际的沙漠,美丽但易"怒"。可以说,很多内蒙人都跟沙漠"打了一辈子的仗"。

吉日嘎拉图,56岁,蒙古族,世代生活在毛乌素沙地腹地。40年来,他和妻子敖特根格日乐共同治沙造林12000多亩。他说,沙漠用好了就是金子,用不好就是敌人,他要用尽全力去绿化、改造沙漠。"一个毛驴、

一个老婆、一个男子汉，就我们三个。早上太阳出来以前开始种，晚上太阳不见的时候才回来。"吉日嘎拉图用这样朴实的语言描述自己的生活。

一棵挨着一棵，一行接着一行，一片连着一片。现在除了最后剩的几个小沙丘，人们走在这里，会完全忘记脚下其实就是中国的第二大沙地。吉日嘎拉图对此很骄傲，"我17岁开始和明沙山'打仗'，我反正是胜利了！"

对于吉日嘎拉图来说，"向世界履约"似乎很遥远。事实上，正是无数像他这样朴实的人，与政府、企业、社会组织一道形成合力，才使中国的防沙治沙成绩斐然。中国为"地球癌症"也开出了自己的药方，那就是：政府与民众携手，人工治理与自然修复结合。

防治荒漠化任重而道远，需要用实实在在的行动去实现。这次大会形成的《鄂尔多斯宣言》共46条，既有目标，也有实现目标的行动方案，为世界防沙治沙行动提供了清晰的思路与模板。

练习答案

阅读

1. A 2. C 3. C 4. C 5. D
6. C 7. A 8. F 9. G 10. K 11. E
12. 因为一个动词可以带动对上下文的理解
13. A 了解到三千年前中国商代先民的生活
    B 让世人看到一个更加丰富的古代中华文明
14. A 有足够的象形文字知识 B 有足够的想象力和判断力
15. 错。中国文字博物馆向海内外的人们发出了破解甲骨文的征集令。
16. 对。坚硬的龟壳、兽骨上刻有商朝先民占卜记事用的文字。
17. 错。中国的汉字几经演变,经久不衰。
18. 对。甲骨文的破译还见证着汉字的联想力和艺术性。
19. B 20. D 21. A 22. C 23. I

听力

1. 荒漠化
2. 蒙古族
3. 40年
4. 两个人
5. 太阳出来以前
6. C 7. A 8. D 9. B 10. C
11. 错 12. 对 13. 对 14. 错 15. 错

中国春晚上的非洲女孩

阅读文本

中国春晚上的非洲女孩

2018年2月，在中国的春节晚会上，小品《同喜同乐》赢得了阵阵掌声。在小品中扮演乘务员"卡莉"的非洲女孩周埃乐是四达时代集团法语频道的全职主持人。小品里的"卡莉"是个爽朗的姑娘，她对"逼婚"的妈妈说："我要去中国留学，我要跟中国人一样，撸起袖子加油干，让世界人民都点赞！"生活中，周埃乐是个像"卡莉"一样活泼可爱、积极向上的女孩子。她平时喜欢唱歌跳舞、化妆打扮，享受简单快乐的生活。除此之外，她的人生经历也和"卡莉"有些共同之处，也许正因如此，她才能更好地理解和诠释节目中的人物。

小品挑选角色时，周埃乐并没有想到自己会被选中，因为她觉得她的中文不够好。所以，当她知道自己成为了《同喜同乐》的女主角时，她非常惊讶，感觉就像在做梦一样。同时，她心里又有些忐忑，因为她毕竟不是专业的演员，很担心演不好这个角色。然而当春晚节目播出后，周围的同事和朋友对周埃乐的表演给予了很高的评价。对于她

的表演，不少人都表示"很惊讶"。

其实，在别人惊讶的背后是周埃乐付出的努力。非洲人的审美观与中国人不同，认为女性胖一点儿更美。在上春晚之前，虽然在非洲人眼里周埃乐已经是个"瘦子"了，但对于小品角色来说，她的身材还不符合要求。所以她面临的第一个难题就是——减肥。

每天的排练辛苦无比，但为了减肥，周埃乐每天只吃一顿饭，饿了也只是吃点儿水果充饥。为了上春晚，周埃乐硬是在一个月内瘦了十多斤。春晚结束后，不少网友夸赞周埃乐"身材特别棒"。

大家都知道，小品节目最考验的就是演技了，与周埃乐搭戏的郑恺等人都是专业演员，周埃乐自然感受到了压力。为了能够配合专业演员把自己的角色演好，周埃乐付出了比别人多很多倍的努力。在几个月的排练过程中，剧本被更改了很多次，周埃乐要去适应多个版本的台词，一句句地纠正自己的发音。很多时候，她白天排练完了，晚上回到宿舍还要继续练。

在整个排练过程中，周埃乐印象最深刻的就是剧组里其他演员对她的帮助。"他们都特别耐心地给我讲解，教我如何站在台上，如何表现得更好，手应该怎么摆，等等。我真的特别感动。" 2018年，对这个来自非洲的小姑娘来说，是具有特殊意义的一年。她很喜欢北京，也希望未来能过自己喜欢的生活。

阅读练习

一、根据文章的内容，从下面各题的四个选项中选出正确答案。

（5分）

1. 周埃乐的爱好包括＿＿＿。　□

   A. 买名牌衣服　　　　　　　　B. 吃好吃的食物

   C. 化妆打扮　　　　　　　　　D. 做各种运动

2. 《同喜同乐》节目是什么活动的节目？　□

   A. 春节晚会　　　　　　　　　B. 圣诞晚会

   C. 元宵晚会　　　　　　　　　D. 中秋节晚会

3. 节目播出后，周埃乐的朋友＿＿＿。　□

   A. 觉得她有些忘忑

   B. 觉得她演得没有专业演员好

   C. 觉得她还可以演得更好

   D. 觉得她演得非常好

4. 为了演好"卡莉"，周埃乐要＿＿＿。　□

   A. 多吃饭　　　　　　　　　　B. 学唱歌

   C. 瘦一点儿　　　　　　　　　D. 胖一点儿

5. 和周埃乐一起演出的还有什么人？　□

   A. 她的朋友　　　　　　　　　B. 专业演员

   C. 她的同事　　　　　　　　　D. 她的家人

二、从文章里找出与下面各项意思最接近的词语。（5分）

6.【第一段】解说、解释　　　　　　　　　＿＿＿＿＿＿

7.【第一段】网络流行语，称赞表扬　　　　＿＿＿＿＿＿

8.【第二段】不安心、不放心　　　　　　　＿＿＿＿＿＿

9.【第三段】人们对于美的总体看法　　　　＿＿＿＿＿＿

10.【第四段】吃东西缓解饥饿　　　　　　＿＿＿＿＿＿

三、根据文章的内容，回答下面的问题。（4分）

11. 小品《同喜同乐》中的演员周埃乐是从哪里来的？
＿＿＿＿＿＿＿＿＿＿＿＿＿＿＿＿＿＿＿＿＿＿＿＿＿＿

12. 周埃乐觉得自己的中文水平怎么样？
＿＿＿＿＿＿＿＿＿＿＿＿＿＿＿＿＿＿＿＿＿＿＿＿＿＿

13. 周埃乐为什么被选中出演女主角？
＿＿＿＿＿＿＿＿＿＿＿＿＿＿＿＿＿＿＿＿＿＿＿＿＿＿

14. 周埃乐知道自己可以演女主角后的反应是什么？
＿＿＿＿＿＿＿＿＿＿＿＿＿＿＿＿＿＿＿＿＿＿＿＿＿＿

四、根据文章内容，判断下列说法是对还是错，并用文中内容说明理由。（5分）

对　错

15. 周埃乐除了会说中文，还会说法文。　　　　　　　　　　□　□
理由：
_____

16. 周埃乐的人生经历和《同喜同乐》里的"卡莉"有些类似。　□　□
理由：
_____

17. 周埃乐对演好"卡莉"很有信心。　　　　　　　　　　　□　□
理由：
_____

18. 对于"卡莉"这个角色，周埃乐觉得白天多练习就行了。　□　□
理由：
_____

19.《同喜同乐》这个节目是在2018年推出的。　　　　　　□　□
理由：
_____

五、根据文章的内容，从右边选出最合适的结尾来完成左边的短句。（4分）

20. 周埃乐的人生经历 ☐   A. 感受到了压力。

          B. 纠正自己的中文发音。

21. "卡莉"的一个愿望是 ☐   C. 去中国留学。

          D. 与"卡莉"有共同之处。

22. 对于小品角色来说， ☐   E. 她的身材还不符合要求。

          F. 享受简单快乐的生活。

23. 小品节目最考验的 ☐   G. 是演技。

六、根据文章的内容，把下面的段落和正确的段落大意搭配起来。（2分）

24. 第五段 ☐   A. 小品《同喜同乐》获得了欢迎

      B. 周埃乐被选中以后觉得很骄傲

      C. 为了把角色演好，周埃乐付出了比别人多很多倍的努力

25. 第六段 ☐   D. "卡莉"的妈妈希望她去中国工作和生活

      E. 出演小品使得2018年对于周埃乐有了特殊的意义

# 听力练习

一、根据录音内容，回答下面的问题。（5分）

1. 录音开头提到的短视频中有一家几代人？

   _____

2. 中国理想的家庭模式是怎样的？

   _____

3. 中国古代的农耕生活都是以什么为生产单位的？

   _____

4. 现代的中国社会与过去相比，哪一方面变得自由？

   _____

5. 这个录音报道播出的时间是什么时候？

   _____

二、根据录音内容，选择正确答案。（5分）

6. 很多外国网友在看了中国的短视频后，_____。　　□

   A. 拍摄了自己和父母的短视频　　B. 晒出了自己一家人的照片

   C. 拍摄了自己孩子的短视频　　　D. 晒出了自己小时候的照片

7. 对古代中国人来说，_____。

A. 家庭是农耕累了睡觉的地方　　B. 家庭是人们释放情绪的场所

C. 家庭是人们情感和精神的寄托　　D. 以上答案都不正确

8. "家和万事兴"的意思是_____。

A. 家庭和所有事情都兴旺

B. 家人和全部的事情都令人高兴

C. 家庭和所有的事情都顺利

D. 一家人和睦相处，他们才能生活和工作得好

9. 家庭成员生活在一起，有助于_____。

A. 在同一时间吃饭　　B. 传统文化的传承

C. 在同一时间睡觉　　D. 以上答案都不正确

10. 现代的中国社会_____。

A. 千方百计都要和"大家庭"住在一起　　B. 家庭习惯更加稳定

C. 流动性更强　　D. 大家庭越来越多

三、根据录音内容，判断下列说法的对错。（5分）

11. 在网络走红的短视频是关于一位白发老人的。

12. 很多中国家庭都包括了爸爸妈妈和祖父母。

13. 儒家思想对中国人的家庭观念有很大的影响。

14. 其实，"家"只是一个饮食起居的场所。

15. "家"也是中国文化的一部分。

中国人的"家"文化

不久前,中国的一条短视频走红网络。视频里,祖孙四代人——从青春少年到白发老人,在一声声"妈"的呼唤中依次出场,喜悦和幸福充满了屏幕。在赞叹视频正能量的同时,外国网友中还有人模仿拍摄了同款"四世同堂"短视频,也有很多人晒出了自己的全家福照片。

视频在海内外的走红,来自于它背后所体现出的中国"家"文化,以及由此引发的情感共鸣。在中国,几代人生活在同一个屋檐下是很常见的事情。在传统中国文化里,理想的家庭模式就是四世同堂,共享天伦之乐。

家对于中国人具有特殊的意义。这是因为,在中国古代漫长的农耕生活中,大部分的生产活动都是以家庭为单位展开的,因此,家庭就成为了人们情感和精神的支柱。后来,随着儒家思想的兴起,忠、孝等理念对中国人的家庭观念产生了更为深远的影响。

中国人常说"家和万事兴",意思是家庭和睦才会生活得好,事业才会兴旺。家对于中国人来说不仅是一个饮食起居的场所和亲情的联结,它

更是一种道德、责任和精神世界的寄托。家庭成员们生活在一起，祖辈的生活习惯，连同传统文化就被传承下来。而中国人追求的家庭和社会的安宁与和谐，也是与中国的"家"文化分不开的。今天的中国社会与过去相比，人口流动性更强，思想观念也更加多元化和自由，但是"家"依旧是中国文化里非常重要的元素。逢年过节，大家还是会千方百计地回到"大家庭"里，与亲人们团圆。

练习答案

阅读

1. C 2. A 3. D 4. C 5. B

6. 诠释 7. 点赞 8. 忐忑 9. 审美观 10. 充饥

11. 非洲

12. 她觉得自己的中文并没有那么好/不是太好。

13. 她的性格更符合女主角（卡莉）的性格。

14. 她很惊讶，感觉像在做梦一样，同时又有些忐忑。

15. 对。周埃乐是四达时代集团法语频道的全职主持人，她也能用中文表演小品。

16. 对。她的人生经历也和"卡莉"有些共同之处，也许正因如此，她才能更好地理解和诠释节目中的人物。

17. 错。被选中以后，她心里有些忐忑，因为她毕竟不是专业的演员，很担心演不好这个角色。

18. 错。很多时候，她白天排练完了，晚上回到宿舍还要继续练。

19. 对。2018年2月，在中国的春节晚会上，小品《同喜同乐》赢得了阵阵掌声。

20. D 21. C 22. E 23. G

24. C 25. E

听力

1. 四代人 2. 四世同堂 3. 家庭 4. 思想观念 5. 中国新年/春节前

6. B 7. C 8. D 9. B 10. C

11. 错 12. 对 13. 对 14. 错 15. 对

海归农民

阅读文本

海归农民

中国人把曾在海外学习，然后回国工作的人戏称为"海归"。今天我们要介绍的就是这样一位"女海归"。她的身份有点儿非同寻常——她既是一位学者——曾到美国深入考察农业问题，又是一位农民——回国后到北京郊区开始种菜。她说，她要努力使更多人对中国的食品安全有全新的认识。

她叫石嫣，被人们誉为"下乡种菜的女博士"。2006年，石嫣从河北农业大学本科毕业后，因为成绩优秀，被学校直接保送到中国人民大学继续进修硕士和博士。2007年，一次偶然的机会，中国人民大学和美国的农业贸易与政策研究所达成了合作协议，希望能派一个有一定的语言和知识储备的中国学生到美国的农场去研究和工作半年。石嫣非常珍惜这个机会，当得知这个消息时，她第一时间递交了申请。工夫不负有心人，2008年4月，石嫣如愿以偿地踏上了飞往美国的飞机。

2008年10月，石嫣在美国的研究结束了。回到中国后，石嫣坚定了投身有机农业的决心。她带着四个核心团队成员和三名当地农民在北京西郊凤凰岭脚下的200亩荒地上创业，取名"小毛驴市民农园"。

2011年，农园的会员发展到700多户，到2012年达到了1000多户。

当"小毛驴"不断发展时，石嫣又开始了新的创业。与"小毛驴"农场中雇用农民的方式不同，石嫣这次要把农民当作合作伙伴，一起协商制订生产计划和生产规范，推动农民在自己的土地上进行有机种植。石嫣给自己的新农场命名为"分享收获"。如今，加入"分享收获"的消费者会员已经有500多个，农场的生产基地也从一个扩展到两个。

石嫣提倡"食在当地，食在当季；本地生产，本地消费"。农场不使用化肥农药，保证农产品的纯天然无污染。对于未来的发展，石嫣心中有一个五年规划，她要把自己的农场发展得更好，不仅农作物的种类要丰富，而且要让大家来了之后更有田园和家的感觉。她还计划引进更加先进的农业技术，向更多的业内人士展示国外的先进技术。

一、根据文章的内容，从下面各题的四个选项中选出正确答案。

（5分）

1. 石嫣最关注的事情是_____。 ☐

   A. 中国农业问题　　　　　　　　B. 下乡种菜

   C. 中国的食品安全　　　　　　　D. 农业政策

2. 石嫣所拥有的学历有_____。 ☐

   A. 学士　　　　　　　　　　　　B. 硕士

   C. 博士　　　　　　　　　　　　D. 以上三项都有

3. 石嫣是什么时候去美国的？ ☐

   A. 2006 年　　　　　　　　　　 B. 2007 年

   C. 2008 年　　　　　　　　　　 D. 2009 年

4. 石嫣去美国做什么？ ☐

   A. 去各地旅游　　　　　　　　　B. 去大学学习

   C. 去农场研究和工作　　　　　　D. 去大学讲课

5. 石嫣在美国待了多长时间？ ☐

   A. 6 个月　　　　　　　　　　　B. 12 个月

   C. 18 个月　　　　　　　　　　 D. 24 个月

二、从文章里找出与下面各项意思最接近的词语。（5分）

6.【第一段】和一般人或情况不一样的、特殊的 ＿＿＿＿＿＿

7.【第二段】愿望得到实现 ＿＿＿＿＿＿

8.【第三段】开创某个事业 ＿＿＿＿＿＿

9.【第四段】花钱请人为自己工作 ＿＿＿＿＿＿

10.【第五段】鼓励大家实行或使用 ＿＿＿＿＿＿

三、根据文章的内容，回答下面的问题。（4分）

11. 石嫣回到中国后下定决心要做什么？

＿＿＿＿＿＿＿＿＿＿＿＿＿＿＿＿＿＿＿＿＿＿＿＿

12. 石嫣在哪里开办了"小毛驴市民农园"？

＿＿＿＿＿＿＿＿＿＿＿＿＿＿＿＿＿＿＿＿＿＿＿＿

13. "分享收获"的经营方式与"小毛驴市民农园"有什么不同？（2分）

"分享收获"：＿＿＿＿＿＿＿＿＿＿＿＿＿＿＿＿＿＿

"小毛驴市民农园"：＿＿＿＿＿＿＿＿＿＿＿＿＿＿＿

四、根据文章内容，判断下列说法是对还是错，并用文中内容说明理由。（5分）

对　错

14. "下乡种菜的女博士"指的就是石嫣。　　　　　　　　　□　□

理由：_____

15. 石嫣所在的大学保送她去美国。　　　　　　　　　　　□　□

理由：_____

16. "小毛驴市民农园"发展得不太好。　　　　　　　　　　□　□

理由：_____

17. "分享收获"的生产基地已经发展到了两个。　　　　　□　□

理由：_____

18. 石嫣的农场生产的农产品从未使用过化肥农药。　　　□　□

理由：_____

五、根据文章的内容，从右边选出最合适的结尾来完成左边的短句。（4分）

19. 石嫣曾到美国 ☐   A. 生产计划和生产规范。

                                    B. 不断发展。

20. 中国人民大学和美国的研究所 ☐   C. 达成了合作协议。

                                    D. 未来发展的五年规划。

21. 石嫣心中有一个 ☐   E. 深入考察农业问题。

22. 石嫣希望向更多的业内人士 ☐   F. 实践自己的梦想。

                                    G. 展示国外的先进技术。

六、根据文章的内容，把下面的段落和正确的段落大意搭配起来。（2分）

23. 第四段 ☐   A. 石嫣既是"女海归"，又是农民

                B. 石嫣的求学经历

                C. 石嫣对农场未来发展的理想和规划

                D. 石嫣回国后开始创业，她建立了"小毛驴市民农园"农场

24. 第五段 ☐

                E. 石嫣的两个农场经营理念有所不同，但都发展得不错

一、根据录音内容,回答下面的问题。(5分)

1. 阿平厄姆公学成立于哪一年?

_____

2. 阿平厄姆公学是哪个国家的著名学府?

_____

3. 最近,阿平厄姆公学做出了一个什么决定?

_____

4. 最近的一条什么消息在中国引起热议?

_____

5. 2018年,中国去往国外的留学生总数是多少?

_____

二、根据录音内容,选择正确答案。(5分)

6. 阿平厄姆公学一直致力于培养学生的_____。 ☐

    A. 学习成绩   B. 体育素质

    C. 品德教育   D. 综合素质

7. 中国是＿＿＿＿最重要的"留学生"生源国。

　A. 世界上　　　　　　　　　　B. 亚洲

　C. 欧洲　　　　　　　　　　　D. 美国

8. 中国2018年去往国外的留学生数量比2017年＿＿＿＿。

　A. 增加了88%　　　　　　　　B. 增加了8.8%

　C. 减少了88%　　　　　　　　D. 减少了8.8%

9. 中国最新一次的高考改革是在＿＿＿＿。

　A. 2010年　　　　　　　　　　B. 2014年

　C. 2018年　　　　　　　　　　D. 以上答案都不对

10. 教育的交流也是＿＿＿＿。

　A. 学习的机会　　　　　　　　B. 教育资源的流动

　C. 文化的交流　　　　　　　　D. 人员的流动

三、根据录音内容，判断下列说法的对错。（5分）

11. 剑桥大学招收中国学生只看高考成绩。

12. 很多外国的大学都非常重视中国生源。

13. 中国高考是中国学生要经历的最重要的考试。

14. 中国高考一直希望学生向着多元化和个性化的方向发展。

15. 学生毕业后是否可以留下来就业还要看他们的学习成绩。

英国名校将在中国设立分校

建校于1584年的阿平厄姆公学是英国著名的私立中学。400多年来,它一直致力于培养学生的综合素质。该校校长最近表示,校方正在筹备的第一间海外分校将在中国设立。

谈到教育话题,另一则消息也引起了人们的关注,那就是剑桥大学承认中国高考成绩。剑桥大学对此回应:承认高考成绩已执行数年,但剑桥招生并不只看考试成绩,而是在此基础上对每一位学生进行综合评估。外国高校认可中国高考成绩,原因之一就是重视中国生源。中国是全球最重要的"留学生"生源国,仅2018年中国去往国外的留学生总数就达66万,这一数字比前一年增加了8.8%。承认高考成绩,就意味着同这个巨大的留学生市场和人才库有了更高效的对接。

对大多数中国年轻人来说,高考绝对是他们一生中最重要的考试。中国高考这几年也在进行不断的变革。最新一轮的高考改革从2014年开始。同阿平厄姆公学和剑桥大学重视学生综合素质的思路一致,中国高考的改革也希望引导学生向着多元化和个性化的方向发展。随着对学生的评价不再只看分数,也随着更为自由和多样化的教育资源和人员流动,中国的学生们拥有了更多的学习机会和更国际化的视野,

也就有了更多的人生可能性。其实无论是中学还是大学，公立还是私立，也无论是中国学生出国留学，还是中国高校吸引外国留学生，又或是像阿平厄姆公学一样把分校开到中国来，教育的交流实际上都是文化的互通，更是中国看世界、了解世界、参与世界的开放进程的具体体现。

当然，学生们毕业后更重要的是就业选择，优质学校吸引了优质学生，而如何留下人才，还要看一个国家和地区整体的发展前景。

练习答案

阅读

1. C 2. D 3. C 4. C 5. A
6. 非同寻常 7. 如愿以偿 8. 创业 9. 雇用 10. 提倡
11. 投身有机农业
12. 北京西郊凤凰岭脚下
13. "分享收获":把农民当作合作伙伴
    "小毛驴市民农园":雇用农民
14. 对。她叫石嫣,被人们誉为"下乡种菜的女博士"。
15. 错。她第一时间递交了申请。
16. 错。2011年农园的会员发展到700多户,到2012年达到了1000多户。
17. 对。生产基地也从一个扩展到两个。
18. 对。农场不使用化肥农药,保证农产品的纯天然无污染。
19. E 20. C 21. D 22. G
23. E 24. C

听力

1. 1584 年
2. 英国
3. 第一座海外分校落地中国
4. 剑桥大学承认中国高考成绩
5. 66 万
6. D 7. A 8. B 9. B 10. C
11. 错 12. 对 13. 对 14. 错 15. 错

一份特殊的"重礼"

一份特殊的"重礼"

2019年6月8日,中国北京的故宫博物院收到了一份特殊的礼物——一批重达140吨的珍贵的木材。网友们戏称,这大概是故宫收到的最"重"的一份礼物了。

这批木材是中国香港渔农自然护理署之前在反走私执法行动中检获的,此次被赠予故宫博物院,目的是帮助故宫博物院修复文物和修缮古建筑。这样一来,这批珍贵的木材虽然"来路"不正,却有了最佳的"去处",可以说是物尽其用。

能够做出这样恰到好处的安排,得益于香港特别行政区和北京故宫博物院多年来的深度交流。

北京故宫博物院在香港举办过多次大型文物展览。从2017年起,每年暑期举办的"故宫博物院青年实习计划"拓宽了学员在文物欣赏和保护方面的眼界,深受香港年轻人欢迎。据了解,2022年,香港故宫文化博物馆也将竣工。到那个时候,香港故宫文化博物馆将大量、长期地展出故宫瑰宝。

每当春节、中秋等传统节日,中国内地和香港特别行政区都会共同举行庆祝活动。内地的文化项目,例如"中国戏曲节""根与魂——非物质文化遗产展演"等,不断地将内地的艺术精品带到香港。同时,香港的"港澳视觉艺术双年展""香港经典电影展映""香港——北京舞蹈双周"等活动,也让内地观众更加直观地感受到了香港的文化魅力。

虽然在近百年的历史进程中受到西方文化的影响,但香港的文化根源从来没有离开过中华文明。故宫，是中华文化的瑰宝，是所有炎黄子孙共同的文化宝库。2020年，故宫即将迎来自己600岁的生日，这次捐赠珍贵木材，是香港为故宫600岁生日献上的一份厚礼，也是香港为传统文化传承贡献的力量。

阅读练习

一、根据文章的内容，从下面各题的四个选项中选出正确答案。（5分）

1. 北京故宫博物院收到的木材会用来做什么？ □

   A. 在故宫内建造新建筑　　　　　　B. 在故宫内举办大型文物展览

   C. 在故宫内修理残旧的建筑　　　　D. 文章中没有提及

2. 这些木材是从哪儿来的？ □

   A. 反走私行动中没收的

   B. 从森林砍伐出来的

   C. 香港有钱人捐赠的

   D. 有人捐给香港渔农自然护理署的

3. 香港特别行政区和北京故宫博物院_____。 □

   A. 从收到木材才开始有交流　　　　B. 收到木材前才开始有交流

   C. 很多年来一直都有交流　　　　　D. 最近几年才开始有交流

4. "故宫博物院青年实习计划"在什么时候举办？ □

   A. 每年春天　　　　　　　　　　　B. 每年夏天

   C. 每年秋天　　　　　　　　　　　D. 每年冬天

5. 香港故宫文化博物馆预计将在什么时候向公众开放？ □

   A. 2019年　　　　　　　　　　　　B. 2020年

   C. 2021年　　　　　　　　　　　　D. 2022年

二、从文章里找出与下面各项意思最接近的词语。（5分）

6.【第一段】开玩笑地说　　　　　　　＿＿＿＿＿＿＿＿＿

7.【第一段】非常不一般　　　　　　　＿＿＿＿＿＿＿＿＿

8.【第二段】各种物品都充分发挥各自的作用　＿＿＿＿＿＿＿＿＿

9.【第四段】工程完成　　　　　　　　＿＿＿＿＿＿＿＿＿

10.【第四段】珍奇的宝物　　　　　　　＿＿＿＿＿＿＿＿＿

三、根据文章的第五段和第六段，回答下面的问题。（3分）

11. 哪些文化项目来自于中国内地？请举出一个例子。

＿＿＿＿＿＿＿＿＿＿＿＿＿＿＿＿＿＿＿＿＿＿＿＿＿＿

12. 哪些文化项目来自于香港？请举出一个例子。

＿＿＿＿＿＿＿＿＿＿＿＿＿＿＿＿＿＿＿＿＿＿＿＿＿＿

13. 香港历史上有多少年深受西方文化的影响？

＿＿＿＿＿＿＿＿＿＿＿＿＿＿＿＿＿＿＿＿＿＿＿＿＿＿

四、根据文章内容，判断下列说法是对还是错，并用文中内容说明理由。（5分）

对　错

14. 网友戏称故宫收到了重礼是因为这批木材非常有重量。　　□　□

    理由：_____

15. 把这批木材送给故宫使用是最好的安排。　　□　□

    理由：_____

16. 故宫只在香港展出过一次大型文物。　　□　□

    理由：_____

17. 香港年轻人很喜欢参加"故宫博物院青年实习计划"。　　□　□

    理由：_____

18. 香港故宫文化博物馆不一定会展出故宫瑰宝。　　□　□

    理由：_____

五、根据文章的内容，从右边选出最合适的结尾来完成左边的短句。（4分）

19. 这批珍贵的木材虽然"来路"不正，☐

20. "故宫博物院青年实习计划"拓宽了学员 ☐

21. 每到传统节日，中国内地和香港特别行政区 ☐

22. 香港的文化根源 ☐

A. 都会共同举行庆祝活动。

B. 香港文化都会的魅力。

C. 进行交流活动。

D. 祖国文化的魅力。

E. 但深受欢迎。

F. 在文物欣赏和保护方面的眼界。

G. 但却物尽其用。

H. 从来没有离开过中华文明。

六、根据文章的内容，把下面的段落和正确的段落大意搭配起来。（3分）

23. 第一段 ☐

24. 第二段 ☐

25. 第五段 ☐

A. 礼物受到网友的欢迎
B. 香港故宫文化博物馆竣工后将展出故宫文物
C. 中国内地与香港以各自的文化活动加强交流
D. 故宫博物院收到特殊的礼物
E. 这份礼物的来源和最终用途
F. 北京故宫博物院在香港举办了多次文物展
G. 2020年，故宫将迎来600岁生日

听力练习

一、根据录音内容，回答下面的问题。（5分）

1. 北京市政府从哪里搬去了通州区？
   _____

2. 到 2035 年将会有多少人搬出中心城区？
   _____

3. 北京的面积有多少平方公里？
   _____

4. 北京的常住人口有多少万？
   _____

5. 为什么北京对人们有很强的吸引力？请说明两个原因。
   _____

二、根据录音内容，选择正确答案。（5分）

6. 北京市政府第一批搬迁的部门涉及_____。   □

   A. 30 个部门　　　　　　　　　　　　B. 35 个部门

   C. 40 个部门　　　　　　　　　　　　D. 50 个部门

-94-

7. 下面哪一个不是北京的特征？ ☐

    A. 文化中心   B. 政治中心

    C. 经济中心   D. 中国的首都

8. "大城市病"不包括_____。 ☐

    A. 交通拥堵   B. 环境污染

    C. 住房困难   D. 人口流动

9. "都市圈"的意思是指_____。 ☐

    A. 以城市为中心，一环一环层层向外扩散

    B. 城市副中心

    C. 以大城市为核心，周边城市参与分工合作

    D. 以上都不是正确答案

10. 通州区被设计成北京的_____。 ☐

    A. 国际交流中心   B. 科技创新中心

    C. 城市市中心   D. 城市副中心

三、根据录音内容，判断下列说法的对错。（5分）

11. "东京都市圈"的人口有3700多万。 ☐

12. "东京都市圈"的半径不到50公里。 ☐

13. 北京从新中国成立就是中国的首都。 ☐

14. 北京有70年的历史。 ☐

15. 北京已经太大了，所以，"北京都市圈"不能再发展了。 ☐

治理"大城市病" 北京市政府搬家

2019年1月11日，北京市政府从市中心向东搬迁至30公里外的通州区。这次"搬家"规模浩大，第一批已经有35个部门进行了搬迁。再加上带动过去的其他产业，到2035年将实现中心城区40～50万人向外疏解。

北京面积1.6万平方公里，有常住人口2170万。作为中国的首都，北京是中国的政治中心、文化中心、国际交流中心、科技创新中心。这里机会多、选择多，对人们有着超强的吸引力。但和世界上很多大城市一样，北京也患上了"大城市病"：人口膨胀、交通拥堵、住房困难、环境污染……很多来北京旅游或是工作、生活的外国朋友对此都深有体会。

治理"大城市病"，国际上的经验之一就是建设"都市圈"，以大城市为核心，周边城市参与分工合作。北京市政府搬迁的目的地通州区就被设计为北京的"城市副中心"，这也是北京和周边城市一起打造都市圈的重要步骤之一。原本北京是以天安门为中心，一环一环层层向外扩散的。如今"副中心"的出现将打破这种格局，形成新的发展中心点。

很多人认为北京太大了，人太多了。但事实上，如果以"都市圈"这个概念来看的话，其实并非如此。比如"东京都市圈"将周边城市连成片，半径超过50

公里，人口规模超过3700万。所以说，"北京都市圈"还有相当大的发展空间，需要以科学且有前瞻性的规划，把整个城市群打造得更为宜居宜业。

2019年是新中国成立70周年，也是北京作为新中国首都的第70个年头。北京市政府搬新家，城市副中心启用，北京这座拥有3000年历史的城市正在以全新的形象面向全球。"北京都市圈"欢迎更多的朋友前来体验她的变化。

练习答案

阅读

1. C 2. A 3. C 4. B 5. D
6. 戏称 7. 特殊 8. 物尽其用 9. 竣工 10. 瑰宝
11. "中国戏曲节"/"根与魂——非物质文化遗产展演"
12. "港澳视觉艺术双年展"/"香港经典电影展映"/"香港——北京舞蹈双周"
13. 近百年
14. 对。故宫博物院收到了一批重达140吨的木材。网友们戏称,这是故宫收到的最"重"的一份礼物了。
15. 对。这批珍贵的木材虽然"来路"不正,却有了最佳的"去处"。
16. 错。故宫博物院在香港举办过多次大型文物展览。
17. 对。从2017年起,每年暑假举办的"故宫博物院青年实习计划"拓宽了学员在文物欣赏和保护方面的眼界,深受香港年轻人欢迎。
18. 错。竣工后,香港故宫文化博物馆将大量、长期地展出故宫瑰宝。
19. G 20. F 21. A 22. H
23. D 24. E 25. C

听力

1. 市中心 2. 40~50万人 3. 1.6万 4. 2170 5. 机会多、选择多
6. B 7. C 8. D 9. C 10. D
11. 对 12. 错 13. 对 14. 错 15. 错

-98-

人工智能会让我们失业吗?

阅读文本

人工智能会让我们失业吗？

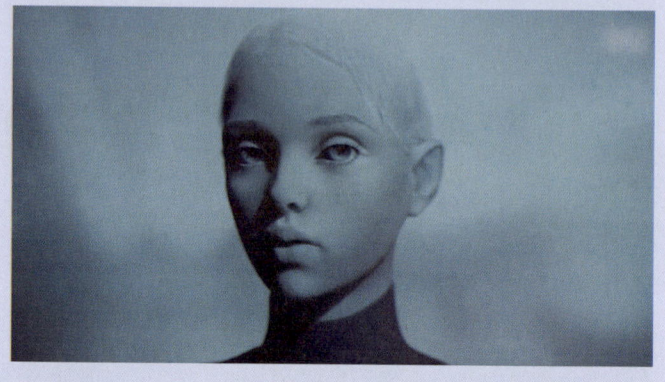

在科技发展日新月异的今天，我们经常会看到有关人工智能的新闻，以及介绍人工智能将如何改变我们的生活的文章。有人说，人工智能将极大地改善我们的生活，但也有不少人认为，人工智能将是人类的末日。在不远的未来，人工智能真的会取代人类，让我们失业吗？

的确，在无人驾驶汽车、人力资源评估和医疗工作的许多方面，人工智能已经取代了人类的部分工作。2019年5月16日至18日，在巴黎举行的欧洲顶级科技创业峰会上，著名国际品牌欧莱雅联合阿里巴巴发布了全球首个移动端人工智能"痘痘"检测应用，这对于那些饱受"痘痘"困扰的年轻人来说，无疑是一个大大的好消息。

在中国，有大量消费者迫切需要专业的皮肤护理，但每6万中国人中只有一名是皮肤科医生。这就形成了痤疮（俗称"痘痘"）患者对护肤自测平台及专业护肤建议的需求。只要用户上传三张自拍照，

这个"痘痘"检测软件就能利用人工智能技术自动生成皮肤检测报告，再根据用户实际情况提供个性化的护肤建议。这样看来，人工智能技术将弥补护肤领域的一个市场空白。

人工智能在劳动力市场中的作用正在增大。现代信息科学专家李开复表示，人工智能将取代重复性的工作，除了蓝领的工作，也包括许多白领的工作。

中国的新华社和搜狗科技公司联合开发了人工智能新闻主播，可以模仿人的面部表情、嘴唇和肢体动作来播报新闻。虽然现在这项技术还不够成熟，人工智能新闻主播还存在一些缺点（比如偶尔播报不清楚、有时还会出错等），但"他"已经能像真人那样自然地播报新闻了。这就给许多新闻主播造成了压力，他们担心人工智能新闻主播将取代他们的工作，让他们陷入失业的困境。

在不久的将来，人工智能技术将会更强大，许多工作也将由人工智能来完成。那么，人类应该怎么办呢？我们要做的是：面对现实，为将来完全不同的就业市场做好准备。增加就业机会最好的办法之一是让我们变得更加专业，同时还要提高我们的"软技能"，如社交创意和沟通技巧。

随着人工智能的发展，如何找到新的工作将由人们自己的想法和能力决定。纵观历史，人类的劳动力市场发生过很多变化。但每一次变化来临，我们都接受挑战，创造出了只有人类才能完成的更新更好的工作。今天，下一轮创新的浪潮将会给人类带来新的挑战，同时也带来新的机遇，如何拥抱这个新的未来，取决于我们自己的选择。

一、根据文章的内容，从下面各题的四个选项中选出正确答案。
（5分）

1. 以下哪个领域还没有被人工智能代替？ ☐

  A. 人力资源评估   B. 无人驾驶汽车

  C. 老师   D. 医疗

2. 2019年欧洲顶级科技创业峰会在哪里举行？ ☐

  A. 法国   B. 英国

  C. 中国   D. 日本

3. 在中国，每多少人中才有一名皮肤科医生？ ☐

  A. 60人   B. 600人

  C. 6000人   D. 60000人

4. 在不久的将来，人工智能将取代什么样的工作？ ☐

  A. 蓝领的工作   B. 白领的工作

  C. 重复性的工作   D. 以上三个都包括

5. 人工智能新闻主播现在还存在什么缺点？ ☐

  A. 嘴唇动作不标准   B. 面部表情不好看

  C. 偶尔播报不清楚   D. 肢体动作不准确

二、从文章里找出与下面各项意思最接近的词语。（5分）

6.【第一段】天天更新，月月不同　　　　＿＿＿＿＿＿＿＿＿

7.【第二段】非常肯定　　　　　　　　　＿＿＿＿＿＿＿＿＿

8.【第二段】填补，补上　　　　　　　　＿＿＿＿＿＿＿＿＿

9.【第五段】困难的境地　　　　　　　　＿＿＿＿＿＿＿＿＿

10.【第七段】由某人、某方面或某种情况决定　＿＿＿＿＿＿＿＿＿

三、根据文章的第五段到第七段，回答下面的问题。（4分）

11. 新闻主播们有什么担心？

＿＿＿＿＿＿＿＿＿＿＿＿＿＿＿＿＿＿＿＿＿＿＿＿＿＿＿＿＿＿＿

12. "软技能"都包括什么？请举出两个例子。

＿＿＿＿＿＿＿＿＿＿＿＿＿＿＿＿＿＿＿＿＿＿＿＿＿＿＿＿＿＿＿

13. 决定人们找到新工作的两个因素是什么？（2分）

（1）＿＿＿＿＿＿＿＿＿＿＿＿＿＿＿＿＿＿＿＿＿＿＿＿＿＿＿

（2）＿＿＿＿＿＿＿＿＿＿＿＿＿＿＿＿＿＿＿＿＿＿＿＿＿＿＿

四、根据文章内容，判断下列说法是对还是错，并用文中内容说明理由。（5分）

对　错

14. 所有人都认为，人工智能有助于改善我们的生活。　☐　☐

　　理由：_____

15. 利用人工智能技术做皮肤检测只需要上传三张自拍照。　☐　☐

　　理由：_____

16. 李开复是现代信息科学的专家。　☐　☐

　　理由：_____

17. 历史上，人类的劳动力市场不曾发生很多变化。　☐　☐

　　理由：_____

18. 人类发展史上的每次改变都会带来新的挑战和机遇。　☐　☐

　　理由：_____

五、根据文章的内容，从右边选出最合适的结尾来完成左边的短句。（4分）

19. 我们现在经常会看到 ☐　　A. 这是一个非常好的消息。

　　　　　　　　　　　　　　B. 我们自己的选择。

20. 对于饱受"痘痘"困扰的人来说，☐　　C. 是明智的选择。

　　　　　　　　　　　　　　D. 专业的皮肤护理。

21. 如何拥抱新的未来，取决于 ☐　　E. 个性化的护肤建议。

22. 检测软件会根据用户实际情况提供 ☐　　F. 护肤领域的一个市场空白。

　　　　　　　　　　　　　　G. 有关人工智能的新闻。

六、根据文章的内容，把下面的段落和正确的段落大意搭配起来。（2分）

23. 第五段 ☐　　A. 人工智能新闻主播有很多缺点

　　　　　　　　B. 人工智能让很多人感受到了失业的压力

24. 第七段 ☐　　C. 人工智能"痘痘"检测应用能帮人们改善肌肤问题

　　　　　　　　D. 人工智能新闻主播的"诞生"给很多真人主播造成了压力

　　　　　　　　E. 人类自己的选择决定了我们是否能迎接创新的未来

 听力练习

一、根据录音内容，回答下面的问题。（5分）

1. 谁对中国电竞队在国际比赛中取得好成绩予以祝贺？
_____

2. 电竞属于什么范畴的比赛项目？
_____

3. 中国电竞队最近在哪个国际比赛中取得好成绩？
_____

4. 到今年为止，中国电竞用户人数有多少？
_____

5. 中国在多少个城市建有专用的电竞场馆？
_____

二、根据录音内容，选择正确答案。（5分）

6. 中国电竞队在最近的一个国际比赛中获得_____。　　　☐

　　A. 第一名　　　　　　　　　　B. 第二名

　　C. 第三名　　　　　　　　　　D. 第四名

7. 电竞运动在中国_____。

    A. 不被接受   B. 被接受

    C. 不被认可   D. 不太被认可

8. 电竞运动将在什么时候成为亚运会的正式比赛项目？

    A. 2017 年   B. 2018 年

    C. 2022 年   D. 目前还没有这个计划

9. "玩儿电脑游戏就是不务正业"的想法_____。

    A. 已经过时   B. 很正确

    C. 有道理   D. 被批评

10. 有多少家长表示支持自己的孩子从事电竞运动？

    A. 10%   B. 15%

    C. 20%   D. 25%

三、根据录音内容，判断下列说法的对错。（5分）

11. 电竞就是比赛玩儿电子游戏。

12. 电竞选手要取得好成绩也是要付出努力的。

13. 中国的电竞运动很早就开始了。

14. 看过电竞比赛的人和对电竞了解的人都算是电竞用户。

15. 中国的杭州将在近期举办一个电竞国际邀请赛。

听力文本

中国电竞运动：从新玩家到大玩家

最近，中国电竞队在国际比赛中夺冠的消息让中国网民沸腾，社交网络上讨论热烈，就连中央电视台等主流媒体也纷纷予以祝贺。可见，电竞运动在中国正在获得越来越多的认可。

电竞的全称是电子竞技，是指使用电子游戏来比赛的体育项目。随着游戏对经济和社会的影响力不断壮大，电子竞技也将正式成为运动竞技的一种。

2017年，电竞被国际奥委会承认为一项运动。2018年，雅加达亚运会上，电竞运动成为了表演项目，中国队在这一项目上拿到了两金一银。有消息说，2022年杭州亚运会时，电竞运动将会成为正式的比赛项目。这就意味着"玩儿电脑游戏就是不务正业"的想法已经过时。人们已经逐渐认可电竞选手们付出的努力，以及电竞运动的专业性和体育精神。一项调查显示，有近四分之一的家长表示支持自己的孩子从事电竞运动。

在电竞赛场上，起步较晚的中国正迅速成长，并走向世界的中心。中国的电竞用户规模庞大，接近3亿人的群众基础也是这项运动发展的关键。

电竞运动是一项崭新的体育赛事，要想形成像欧洲足球联赛、美国职业篮球联赛那样成熟的模式还有很长的路要走，需

要资本投入、教育培训、场馆建设等多个层面的建设。中国目前约有10个城市已经或正在建设专用的电竞馆。上海市也即将举办电竞国际邀请赛。我们期待"主场作战"的中国队能有更好的成绩，也欢迎全球的电竞爱好者来中国享受竞技的乐趣。

练习答案

阅读

1. C 2. A 3. D 4. D 5. C

6. 日新月异 7. 无疑 8. 弥补 9. 困境 10. 取决于

11. 人工智能新闻主播将取代他们的工作，让他们陷入失业的困境。

12. 社交创意和沟通技巧

13. （1）自己的想法 （2）自己的能力（2分）

14. 错。有人说，人工智能将极大地改善我们的生活。

15. 错。只要用户上传三张自拍照。

16. 对。现代信息科学专家李开复

17. 错。纵观历史，人类的劳动力市场发生过很多变化。

18. 对。下一轮创新的浪潮将会给人类带来新的挑战，同时也带来新的机遇。

19. G 20. A 21. B 22. E

23. D 24. E

听力

1. 中央电视台

2. 体育

3. 2018年雅加达亚运会

4. 3亿多 / 突破3亿

5. 10个

6. A 7. B 8. C 9. A 10. D

11. 对 12. 对 13. 错 14. 对 15. 错

各具特色的录取通知书

各具特色的录取通知书

9月，中国的大学陆续开学，新生们拿着录取通知书，满怀希望地来到梦想已久的校园。现在的大学录取通知书已经不再像以前那样"朴素"，而是各具形态和特色。现在就让我们一起来了解这些精美别致的录取通知书吧！

第一种，硬核科技类。中国科学院大学的录取通知书里放入了中科院自主研发的"龙芯三号"芯片。校长在给新生的信中写道："龙芯三号看上去很小，却可以驱动庞大的世界。愿你透过这枚芯片读懂更多，看得更远！"用手机扫一扫天津大学录取通知书上的图案，屏幕上就会出现AR卡通形象。清华大学的录取通知书打开以后会呈现校门的立体模型，模型使用了激光雕刻工艺，非常精细。

第二种，回归传统类。陕西师范大学的十余位退休教授在13年间坚持亲笔书写录取通知书，方正的小楷、迷人的墨香，让人感受到文化的厚重。北京林业大学的通知书则设计了四种主题，分别是"山、水、木、人"，体现了中国文人热爱的意象，也蕴含了人与自然融合的环保意识。

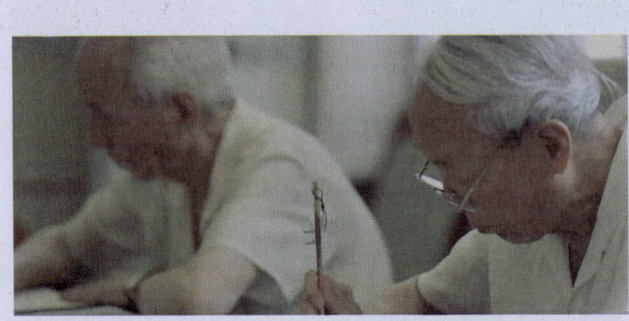

第三种，以情动人类。北京大学的录取通知书像是一封家书，采用了北大的专

用信纸。同时送出的还有七位北大毕业生给新生的一封信，分享了不同年代的北大人的青春体验。

第四种，实用贴心类。上海市从2019年7月开始实行垃圾分类，所以有好几所上海高校就在通知书礼包里附上了"垃圾分类指南"……

看了以上这些录取通知书，网友们纷纷感叹，考上好大学，收到这些艺术品一样的通知书真是让人羡慕！

一份小小的通知书，体现了一所大学的风格、底蕴、创意，对学生的人文关怀，甚至还能够展示中国的传统文化和科技发展。当然，大学的本质是做学问，求真理，通知书只是大学与新生的第一次"对话"，其中所蕴含的精神则需要学生们用整个大学时光来学习、体会。

今天，中国大学的世界排名正在不断攀升，大学的录取通知书不只好看，含金量也在提升。欢迎各国同学加入中国的大学，在不同的社会文化环境中学习、成长，收获新的知识和人生体验。

一、根据文章的内容，从下面各题的四个选项中选出正确答案。

（5分）

1. 以下哪一所大学在这篇文章中没有提到？ ☐

    A. 中国科学院大学   B. 天津大学

    C. 北京大学   D. 北京师范大学

2. 硬核科技类的录取通知书里有什么？ ☐

    A. 一枚芯片   B. 一幅中国画

    C. 一封家书   D. 一个垃圾分类指南

3. 北京林业大学的录取通知书分为几种？ ☐

    A. 1 种   B. 2 种

    C. 3 种   D. 4 种

4. 北京大学的录取通知书属于哪一类？ ☐

    A. 硬核科技类   B. 以情动人类

    C. 回归传统类   D. 实用贴心类

5. "垃圾分类指南"出现在哪个省/市的大学录取通知书里？ ☐

    A. 天津   B. 北京

    C. 上海   D. 陕西

二、从文章里找出与下面各项意思最接近的词语。（5分）

6.【第一段】一个接着一个　　　　　　　　＿＿＿＿＿＿＿＿

7.【第二段】带动、推动　　　　　　　　　＿＿＿＿＿＿＿＿

8.【第三段】客观形象与主观情感融合成的带有某种意蕴的东西

　　　　　　　　　　　　　　　　　　　　＿＿＿＿＿＿＿＿

9.【第四段】给家里人写的信　　　　　　　＿＿＿＿＿＿＿＿

10.【第八段】（数量、排名等）向上升　　　＿＿＿＿＿＿＿＿

三、根据文章的第五段到第七段，回答下面的问题。（4分）

11. 大学录取通知书体现了什么？请举出一个例子。

＿＿＿＿＿＿＿＿＿＿＿＿＿＿＿＿＿＿＿＿＿＿＿＿＿＿＿＿＿．

12. 现在的大学录取通知书展示了哪两种元素？（2分）

（1）＿＿＿＿＿＿＿＿＿＿＿＿＿＿＿＿＿＿＿＿＿＿

（2）＿＿＿＿＿＿＿＿＿＿＿＿＿＿＿＿＿＿＿＿＿＿

13. 中国大学目前在世界上的排名有什么变化？

＿＿＿＿＿＿＿＿＿＿＿＿＿＿＿＿＿＿＿＿＿＿＿＿＿＿＿＿＿

四、根据文章内容，判断下列说法是对还是错，并用文中内容说明理由。（5分）

对　错

14. 中国大学的开学日在每年的九月。　　　　　　　　　　□　□

　　理由：
　　_____

15. 新生们只要拿到录取通知书，就能体会到其中蕴含的精神。　□　□

　　理由：
　　_____

16. 一打开清华大学的录取通知书，就是一个 AR 卡通形象。　□　□

　　理由：
　　_____

17. 陕西师范大学有十余位退休教授亲自为新生书写录取通知书。　□　□

　　理由：
　　_____

对　错

18. 在录取通知书中给新生写信的七位北大毕业生来自不同年代。　☐　☐

理由：_____

五、根据文章的内容，从右边选出最合适的结尾来完成左边的短句。（4分）

19. 新生们满怀希望地　☐　　A. 文化的厚重。
　　　　　　　　　　　　　B. 垃圾分类。
20. 上海市从2019年7月起实行　☐　C. 中国的大学。
　　　　　　　　　　　　　D. 来学习、体会。
21. 欢迎各国同学加入　☐　　E. 来到梦想已久的校园。
　　　　　　　　　　　　　F. 第一次"对话"。
22. 大学录取通知书是大学与新生的　☐　G. 看得更远。

六、根据文章的内容，把下面的段落和正确的段落大意搭配起来。（2分）

23. 第三段　☐　　A. 北京林业大学的录取通知书体现了人与自然的融合

24. 第四段　☐　　B. 陕西师范大学的教授坚持手写录取通知书

C. 回归传统的录取通知书体现了中国文化的深厚内涵

D. 北京开始实行垃圾分类

E. 有的大学录取通知书以情动人，有的则具有实用的价值

一、根据录音内容，回答下面的问题。（5分）

1. 近几年，中国很多大中城市爆发了什么"大战"？

_____

2. 吸引人才的优惠政策包括哪些？请举出两个例子。

_____

3. 这段录音说了哪两个城市人才引进的数据？

_____

4. 哪个城市因为人才引进由落后城市变成了"云计算之城"？

_____

5. 引进年轻的人才对人口老龄化城市有什么影响？

_____

二、根据录音内容，选择正确答案。（5分）

6. 大中城市希望吸引以下人才_____。　　　　　　　　　　　　□

    A. 技能型人才　　　　　　　　　　B. 创业型人才

    C. 外籍人才　　　　　　　　　　　D. 包括以上各种人才

7. 人才对于事业发展非常重要，因为＿＿＿。

   A. 有人才就有新机遇

   B. 人才是事业发展的最宝贵的资源

   C. 人才可以令事业转型

   D. 人才可以励志逆袭

8. 直接影响人才个人发展的因素包括＿＿＿。

   A. 年终奖金　　　　　　　　B. 买房政策

   C. 空气质素　　　　　　　　D. 用人政策

9. 留住人才的关键并不包括＿＿＿。

   A. 文化环境　　　　　　　　B. 生态环境

   C. 云计算设备　　　　　　　D. 城市包容性

10. 城市的积极发展是以什么为基础的？

   A. 发展的雄心　　　　　　　B. 城市与人的良性互动

   C. 科学理念　　　　　　　　D. 真诚服务

三、根据录音内容，判断下列说法的对错。（5分）

11. 很多大中城市只是希望优秀的人才前来工作。

12. 为优才办理搬迁手续需要很长时间。

13. 现在，中国经济正向高质量发展。

14. 中国很多城市的政府对人口老龄化感到忧虑。

15. 环境对人才的引进和留用没有直接的影响。

中国城市的"抢人大战"

这几年来，中国很多大中型城市积极吸引人才，爆发了热闹的"抢人大战"。各城市纷纷推出买房打折、现金奖励等政策吸引人才，特别是技能型和创业型人才，也包括外籍人才，来本地工作和落户。最近就有一个典型的例子：一位优秀人才到西安旅游时看好了西安的居住和工作环境，临时决定搬迁落户，于是西安市的有关部门当场就为他办理好了各项手续。

吸引人才政策的效果是十分明显的。2018年前三个月，西安自市外迁入24.49万人，人口增长是去年同期的11.5倍，其中人才引进、大专以上学历落户人员占54%。而在这三个月的时间里，近10万大学毕业生留在武汉创业和就业。

这些本来就拥有千万左右人口的大城市为什么还要"抢人"？这是因为人才是事业发展的第一资源、第一推动力。而中国经济正处在从高速发展向高质量发展的转型期，很多城市都在找寻新机遇。贵阳市地处山区，经济落后，而今却成为了"云计算之城"，可谓励志逆袭，这当然离

不开人才的作用。另外，中国人口老龄化程度的持续加深也引起了各个城市政府的担忧。因此，他们急于吸引年轻人，保持城市活力。

　　人才来了还要会"用"。一个城市的产业路线、用人政策是否妥当，直接影响了人才的个人发展和他们能为城市创造的价值。好的环境造就人才，差的环境埋没人才。各个城市在吸引人才的同时更要积极"留人"。有了优质的公共服务、营商环境、文化环境、生态环境、城市包容性……才能真正把人才吸引住、留下来。

　　中国城市吸收人才的热情反映了发展的雄心，希望城市管理者们能够在"抢人"的同时保持清醒，不忘科学理念和真诚服务。只有实现了城市与人的良性互动，城市才能向好的方向发展，才能使人才成为城市最美的一道风景。

练习答案

阅读

1. D 2. A 3. D 4. B 5. C

6. 陆续 7. 驱动 8. 意象 9. 家书 10. 攀升

11. 大学的风格／大学的底蕴／大学的创意／对学生的人文关怀（任何一个）

12. （1）中国的传统文化 （2）科技发展。（2分）

13. 中国大学的世界排名正在不断攀升。

14. 对。9月，中国的大学陆续开学。

15. 错。其中所蕴含的精神需要学生们用整个大学时光来学习、体会。

16. 错。清华大学的录取通知书一打开是校门的立体模型。

17. 对。陕西师范大学的十余位退休教授在13年中坚持亲笔书写录取通知书。

18. 对。同时送出的还有七位北大毕业生给新生的一封信，分享了不同年代的北大人的青春体验。

19. E 20. B 21. C 22. F

23. C 24. E

听力

1. 抢人大战

2. 买房打折、租房优惠、现金奖励、创业补贴（任何两个）

3. 西安和武汉

4. 贵阳（市）

5. 保持城市活力

6. D 7. B 8. D 9. C 10. B

11. 错 12. 错 13. 对 14. 对 15. 错

出版策划：王君校　韩　晖
统筹协调：付　眉　韩　颖　彭　博
策划编辑：韩　颖
责任编辑：杨　晗
封面设计：几何创想
印刷监制：汪　洋

图书在版编目(CIP)数据

IBDP 中文 B 听读精练·HL·4 / 冯薇薇主编. —— 北京：华语教学出版社，2020.5
ISBN 978-7-5138-1950-3

Ⅰ.①I… Ⅱ.①冯… Ⅲ.①汉语—听说教学—对外汉语教学—教学参考资料
Ⅳ.①H195.4

中国版本图书馆CIP数据核字(2020)第044821号

本册图书中的阅读及听力文本由中国网及外文局融媒体中心提供。

IBDP 中文 B 听读精练·HL·4

冯薇薇　主编

*

©华语教学出版社有限责任公司
华语教学出版社有限责任公司出版
（中国北京百万庄大街24号　邮政编码100037）
电话：(86)10-68320585, 68997826
传真：(86)10-68997826, 68326333
网址：www.sinolingua.com.cn
电子信箱：hyjx@sinolingua.com.cn
大厂回族自治县彩虹印刷有限公司印刷
2020年（16开）第1版
2020年第1版第1次印刷
ISBN 978-7-5138-1950-3
006900